Vom Wesen des Atems

Vom Wesen des Atems

Herta Richter
im Gespräch mit
Dieter Mittelsten Scheid

forum zeitpunkt
Reichert Verlag Wiesbaden 2006

Umschlagabbildung: Joseph Mallord William Turner, Boats at sea (1830).

Bibliografische Information der Deutschen Nationalbibliothek
Die Deutsche Nationalbibliothek verzeichnet diese Publikation in der Deutschen Nationalbibliografie; detaillierte bibliografische Daten sind im Internet über http://dnb.ddb.de abrufbar.

2. Auflage 2009

Dr. Ludwig Reichert Verlag Wiesbaden 2006
ISBN: 3-89500-536-3
ISBN-13: 978-3-89500536-7

Gedruckt auf alterungsbeständigem Papier mit neutralem pH-Wert.
Printed in Germany.

Inhalt

Vorwort

Dieses Buch schenke ich den Menschen, denen ich als Atemtherapeutin und Atemlehrerin begegnen durfte. Immer wieder, oft Jahre nach der Ausbildung oder nach einer therapeutischen Begleitung höre und sehe ich, wie sehr das Leben dieser Menschen sich verändert, intensiviert und verinnerlicht hat, schöner, interessanter und vor allem tiefer geworden ist. Ich erlebe das mit viel Dankbarkeit und Freude.

Natürlich wünsche ich uns, mit diesem Buch auch einen weiteren Leserkreis anzusprechen: Therapeuten verschiedener Richtungen, Ärzte, Erzieher, Künstler. Ebenso aber auch Menschen, die Sehnsucht haben nach einem Weg nach innen, zu ihrer leib-seelisch-geistigen Entwicklung. Und solche, die Not haben mit sich und ihrem Atem, die etwas von dieser Not verstehen und sich vielleicht davon befreien möchten.

Ich wollte am Ende meines Lebens noch einmal schauen und prüfen, was die Begegnung mit sich selbst im Atem für die Menschen bedeuten kann, welche Erfahrung und welchen Gewinn für ihr Leben sie daraus ziehen. So kam die Einladung von Dieter Mittelsten Scheid zum rechten Zeitpunkt, miteinander dem Wesen des Atems und der Entwicklung des Atembewusstseins nachzuspüren und gleichzeitig zu versuchen, einen Schulungsweg darzustellen.

Ihm gehört mein größter Dank. Uns wurde in den vielen Gesprächen klar, auf welch wandelbarem, nie festlegbarem Boden wir uns befanden. Gerade der Atem, der so sehr das physiologische Geschehen mit den seelischen Inhalten eines Menschen und seiner geistigen Welt in Beziehung bringt, zeigt uns, wie offen und bereit wir sein müssen, jeden Moment neu zu sehen und zu nehmen. Wie spürsam wir im Umgang mit den Menschen sein müssen, die sich uns in ihrem Atem offenbaren und anvertrauen, in welcher Verantwortung wir stehen. Wir lauschten auch dem Sinn von Begriffen nach, die wir in Verbindung mit dem Atem verwenden, in der Hoffnung, sie noch mehr zu klären. Es war für mich eine Zeit großer Herausforderung und ebenso großer Freude.

Ein weiterer Dank geht an die Frauen, die seit langem mit mir an der Entwicklung der Atemschulung arbeiten und auch jetzt mit Rat und Tat sich für das Entstehen des Buches eingesetzt haben: Mica Claus, Indira Daehr, Ulla Lorenz und Ulla Fischer. Wertvolle Anregungen gaben uns Kurt Horz, Gabriele Engert Timmermann, Gabriele Erb, Pravu Mazumdar und Marco Lorenz. Ihnen allen sind wir dankbar.

Einen sehr besonderen Dank möchte ich aussprechen an A. und F. v. F, die mich in großzügiger Weise immer wieder in einen Ort der Stille und des Rückzugs in der schönsten Natur eingeladen haben, um dort zu sein und zu arbeiten.

Noch einmal verneige ich mich in Dankbarkeit vor meinen Lehrern:
Frederike Richter, Johannes Ludwig Schmitt, Volkmar Glaser, Ilse Middendorf und Cornelis Veening.

München, im Juni 2005 Herta Richter

Einführung

Persönlich habe ich Herta Richter vor etwa 14 Jahren kennen gelernt. Doch schon lange waren unsere Welten wie durch unsichtbare Fäden verbunden. Immer wieder kamen Menschen in unsere Schweige-Retreats in der Toskana, die Schülerinnen von Herta waren, und sie betonten häufig, wie gut diese beiden Ansätze zusammen passten und sich ergänzten. „Ihr müsst Euch kennenlernen!“ wurde mir mehrfach nahegelegt.

Als ich mich dann eines Tages nach einer Operation sehr geschwächt fühlte, fiel mir spontan der Name Herta Richter ein und ich meldete mich bei ihr zu Atem-Behandlungen an. Diese Therapieform war mir nichts Neues, denn schon als Jugendlicher war ich durch Ilse Meier-Denninghoff, eine der ersten Schülerinnen des großen Atem-Meisters Cornelis Veening und eine gute Freundin meiner Großmutter, mit den Geheimnissen des Atems in Gruppen-Übung und Behandlung in Kontakt gekommen. Dies wurde dann in meinen Studienjahren durch mehrjährige, sehr lebendige Arbeit bei Elke Prägert, die auch eine Veening-Schülerin war, vertieft. Doch dann trat der Atem durch meine psychotherapeutische Ausbildung und Tätigkeit mehr in den Hintergrund.

So war ich sehr gespannt und offen für das, was mir bei Herta Richter begegnen würde. Ich betrat erstmals durch den blühenden Vorgarten das „Atemhaus München“ und fühlte mich trotz meines reduzierten Zustandes gleich wohl. Es war etwas sehr Persönliches hier, das aber gleichzeitig auch Nüchternheit vermittelte. Herta öffnete die Tür, – und da stand sie vor mir, diese kleine und in ihrer hellen Ausstrahlung so große Frau. Ich war sofort von ihrer Natürlichkeit und Spontaneität und ihren klaren, warmen Augen berührt und angezogen. Ich glaube, ich hatte selten zuvor eine so selbstverständliche Herzlichkeit in einem Menschen erlebt.

Sie geleitete mich in ihren großen Behandlungsraum, der damals auch manchmal der Gruppenarbeit diente. Auch hier persönliche Wärme durch einige ausgesuchte Objekte, Möbel und Pflanzen und gleichzeitig das Gefühl von einem Raum, der Raum lässt. Das war dann auch mein sofortiges Empfinden in der Behandlung: „Ich habe Raum, zu sein, ich kann mich sein lassen. Ich kann so sein, wie ich gerade bin: geschwächt und bedürftig.“

Die Behandlung hatte dann eine ganz erstaunlich kräftigende und vor allem mich harmonisierende Wirkung, als würde ein neues Lebenselixier in mich einfließen. Ich dachte nicht viel darüber nach und fuhr recht beschwingt nach Hause. Erst dort machte ich mir Gedanken darüber, was denn so stark gewirkt hatte. Mir wurde klar, es war die Art der Berührung, einer äußerst direkten, gleichzeitig rufenden und lassenden Berührung, die mich tief innen anrührte und erinnerte. Eine Erinnerung an etwas ganz natürlich Bekanntes und Heiles, das jenseits allen rationalen Verstehens wie selbstverständlich angesprochen war und in Resonanz antwortete.

Dazu kam das Spüren von Hertas Präsenz, die ich als sehr warm und wissend erlebte und gleichzeitig in einem Zustand, in dem sie sich als Person ganz zurücknahm im völligen Annehmen des Behandelten. Ich würde es als nüchterne Mütterlichkeit bezeichnen oder als eine besondere Form der Menschlichkeit, in der eine hohe Achtung für die Einmaligkeit und Gleichwertigkeit aller Wesen bewusst ist und sich als natürliche Liebe äußert.

Ich hatte dann noch einige in ihrer Wirkung ganz ähnliche Behandlungen, die ganz spontan den Wunsch in mir weckten, die Kunst dieser Berührung selbst lernen zu wollen. Meine Frau und ich hatten schon einmal eine ganz persönliche, kleine Ausbildungsgruppe für funktionale Integration nach Feldenkrais über mehrere Jahre mit Alon Talmi, – der interessanter Weise auch ein guter Freund von Herta Richter war –, in unserem toskanischen Idyll abgehalten. So luden wir Herta ein, in demselben Rahmen eine Ausbildung für uns und 12 weitere Therapeuten in unserem Zuhause durchzuführen. Zu unserer großen Freude stimmte sie zu. Es begann ein Stück gemeinsamen Weges, der jetzt in dieses Buch mündet.

Meine Idee, mit Herta Richter Gespräche über das Wesen des Atems zu führen, kam mir erst, nachdem ich selbst tief in die Praxis dieser wunderbaren Arbeit eingedrungen war. In vielen Unterhaltungen und Diskussionen war mir klar geworden, wie schwierig es ist, zu vermitteln, um was es dabei wirklich geht. Auch gibt es wenig bekannte Literatur. Cornelis Veening hat gar nicht geschrieben und Dr. Ludwig Schmitts Buch „Atemheilkunst“ ist für einen breiten Leserkreis zu medizinisch. So ist die Arbeit mit dem Atem vielen nur aus östlichen Schriften bekannt, etwa Büchern über „Pranayama“, den Atemtechniken des Yoga, in denen es doch um einen sehr unterschiedlichen Ansatz geht. In den letzten Jahren wurden dann vor allem die zwei sehr lebendig geschriebenen und in ihrem Informationsreichtum anregenden Bücher über den „Erfahrbaren Atem“ von Ilse Middendorf populär. Herta Richter wurde von Schülerinnen und Freunden immer wieder aufgefordert, etwas über ihre sehr eigene Weise des Umgangs mit dem Atem zu schreiben. Doch war sie in der Arbeit selbst und in den letzten Jahren vor allem in der Ausbildung so intensiv tätig, dass sie einfach nicht zum Schreiben kam. So gibt es von ihr bisher nur einige veröffentlichte Vorträge, die sie im Rahmen der AFA-Tagungen[1] gehalten hatte.

In den reichen und inspirierten Gesprächen, die wir dann führten, sah ich es als meine Hauptaufgabe, mit viel Raum den thematischen Faden zu halten und gedul-

1 AFA: Arbeits- und Forschungsgemeinschaft für Atempflege e. V., Interessen- und Berufsverband der AtemtherapeutInnen

dig häufig auch in Details nachzufragen. Hertas Bereitschaft und Ernsthaftigkeit, sich in völliger Offenheit, Ehrlichkeit und auch Spontaneität immer wieder neu mit den Fragen auseinander zu setzen und auch teilweise mühsam Antworten darauf in sich zu finden, haben mich dabei sehr beeindruckt.

Dennoch sind wir natürlich gelegentlich vom Weg abgekommen, haben uns in Erinnerungen verloren und sind in grundsätzliche oder persönliche Lebensfragen eingetaucht, die mit dem Atem nicht unbedingt etwas zu tun hatten. Einiges davon haben wir später in achtsamer Weise aus dem Text herausgenommen. Allerdings waren wir zunächst etwas enttäuscht, als wir unsere als sehr wesentlich erlebten Gespräche in niedergeschriebener Form wieder lasen. Vieles wirkte zu sprunghaft und war sprachlich ungenügend ausformuliert.

Es schloss sich deshalb eine sehr intensive Überarbeitungsphase an, in der ich Herta viele Fragen, auch neue und ergänzende, nochmals stellte und sie diese schriftlich beantwortete. Die Aufgabe war dann, beides in harmonischer Form zusammen zu fügen, so dass der ursprüngliche Fluss der Gespräche erhalten blieb und doch eine thematische Linie und für den Leser nachvollziehbare Didaktik eingearbeitet wurde. Als Folge dieser Bearbeitung zeigt sich in dem vorliegenden Text ein Wechsel von umgangssprachlichen und schriftlich ausformulierten Aussagen, mit dem Versuch, insgesamt die Lebendigkeit zu erhalten. Wiederholungen von Themen und Informationen haben wir dabei bewusst belassen, um manche Aspekte von verschiedenen Seiten und in unterschiedlichen Zusammenhängen zu beleuchten. Auch der natürliche assoziative Charakter des miteinander Sprechens ist noch spürbar, der manchmal Oberflächliches und sehr Tiefes nebeneinander stellt.

Das erste Gespräch widmet sich wesentlichen Aspekten von Hertas persönlichem Lebensweg, die für ihren Zugang zum Atem und damit für ihren Beruf wichtig waren. Dabei wird ausführlich auf die Begegnungen mit ihren Lehrern eingegangen. Wir haben dem bewusst so viel Raum gegeben, weil über diese Hintergründe fast nichts bekannt ist. Auch lag Herta eine Würdigung ihres wichtigsten Lehrers, Dr. Ludwig Schmitt, sehr am Herzen, da in Vergessenheit zu geraten droht, welch wichtigen Beitrag er für die Atemtherapie geleistet hat, und Herta eine der Letzten ist, die so vieles über ihn weiß.

Die Gespräche zwei bis sechs gehen dann detailliert auf alle wesentlichen Elemente von Herta Richters Atemarbeit in der Einzel-Behandlung und der Übung in der Gruppe ein. Wir haben versucht, dabei die unterschiedlichen Erlebensweisen der Behandlerin und der Behandelten, der Lehrerin und der Übenden zu berücksichtigen und sind auch ausführlich auf den Ausbildungsweg eingegangen. Im letzten Gespräch wird es wieder persönlicher und allgemeine Lebensfragen werden berührt.

Die zwischen die einzelnen Kapitel eingeschobenen Gedichte und Sentenzen benutzt Herta Richter in ihren Übungs-Seminaren häufig als Einstimmung oder gibt sie den Teilnehmern am Ende wie einen Nachklang. Sie verwendet dieses Medium der verdichteten Sprache, wie auch stimmungsvolle Photos in wunderbaren Bildbänden, die sie in den Gruppen auslegt, um auch auf dieser Schwingungsebene die Menschen direkt zu berühren.

In meinen Fragen und Beiträgen habe ich mich bemüht, Hertas Arbeits-, Seh- und Lebensweise einen möglichst großen Raum zu geben, ohne jedoch meine eigenen Erfahrungen ganz zurückzuhalten. Für mich vermischen sich die Welten des Atems, des Bewusstseins und des Schweigens, mit denen ich mich intensiv beschäftige, untrennbar miteinander und sind letztlich Eines. Diese Sicht hat sicherlich zum Teil meine Fragestellung beeinflusst.

Ich hoffe, dass es durch diese Art des Gesprächs mit Herta Richter gelungen ist, nicht nur einen wertvollen Schulungsweg mit vielen lehrreichen Informationen darzustellen, sondern das Wesen des Atems, das unser aller Wesen ist, in Hertas Gestaltung aufleuchten zu lassen.

Ich selbst fühle große Dankbarkeit für diese gemeinsame Wegstrecke und für das große Geschenk des Atems, das mich ständig neu leben lässt.

Im Juli 2005, Poci, Italien Dieter Mittelsten Scheid

Zur Einstimmung

Herta Richter

Tagebuch-Notizen über ein Sommer-Seminar in der Toskana

Wir sind Gäste in einem alten toskanischen Gut, das mitten in der Hügellandschaft des Chianti liegt. Sommerhitze hat der Natur ihre erdigen Farben verliehen. Stille liegt über der Landschaft, nur manchmal unterbrochen vom Aufjauchzen einer Vogelmelodie oder vom Bellen des Hundes Kabu.

Wir kommen aus verschiedenen Himmelsrichtungen, erwartungsvoll und bereit, uns über eine längere Zeit auf die Übung des Atmens und somit auf die Begegnung mit uns selbst und mit 14 anderen Menschen einzulassen.

Ich habe mein Zimmer bezogen und habe geruht. Nun bin ich ganz wach, meine Seele sucht ihren Weg in das Neue, so unglaublich Schöne des Hauses und der Landschaft. Der Blick hinaus ist überwältigend.

Drei Wochen Arbeit liegen vor uns, wie werden sie sein? Die Menschen, die Begegnung mit ihnen, wie wird sie sich gestalten? Ich spüre Glück und Dankbarkeit und Staunen über dieses Geschenk. Große Stille ist um mich. Aus ihr kann alles geschehen.

Der erste Morgen. Der Himmel kündigt das baldige Aufsteigen der Sonne an in zartester Entfaltung von Lichttönen, bis sie endlich hinter dem bewaldeten Hügel ihre ersten Strahlen freigibt. Ich liege und lausche auf die Stille.

Der erste Tag. Ich sage jeden Tag an: der erste Tag, der zweite Tag usw. Es entsteht so eine Art Schöpfungsgeschichte. Bis zum sechzehnten Tag. Dann wird Pause sein, Abschied bis zum Winter, wo wir uns für eine Woche in Deutschland treffen werden. Und so wird es über drei Jahre gehen, für die wir uns gegenseitig verpflichtet haben. Es gibt uns ein gutes Gefühl, uns wirklich einlassen und aufeinander warten zu können und miteinander in dieser Arbeit reifen zu dürfen.

Die Teilnehmer wohnen in der Mühle am Fluss und steigen 15 Minuten den Berg hinauf. Sie kommen aus der Hitze und lassen sich in einem schönen, kühlen, im Vergleich zum gleißenden Sonnenlicht draußen eher dunklen, angenehmen Raum auf den Hockern im Kreis nieder. Stille umfängt uns, wir lassen sie in uns eindringen. Blumen stehen in der Mitte, das Licht einer Kerze spiegelt sich im dunklen Parkett.

Ich beginne mit einem leichten Bewegungsspiel zwischen Kopf und Hals, Nacken. Ein zartes Spiel, das nach Verbindung und Beziehung fragt. Die spürsame Wachheit schenkt Befreiung in die sich dehnenden Bereiche, Zunge und Kiefergelenke lösen sich. Lange verharren wir lauschend und hingegeben diesem ersten Geschehen. Dann legen sich die Hände auf den Unterbauch. Durch die Nase strömt die kühle, würzige Luft ein, Atem nimmt Raum unter den Händen. Wir spüren, wie er kommt und geht und immer tiefer führt auf den Weg nach innen.

Die Augen öffnen sich, der Blick schweift im Kreis, absichtslos, nichts greifend, nichts halten wollend. Über den Kreis hinaus schenkt sich ihm Raum und Umfeld.

Ein feines Verschieben des Rumpfes, in den Schultern – die Wirbelsäule nimmt die Bewegung auf und lässt sie ein, zentral. Der Körper darf spielen, ein Spiel, das ganz von innen her sich einstellt. Erst viel später entfaltet sich die Bewegung über die Rumpf-nahen Gelenke bis hinaus in Arme und Hände. Wieder legen sich dann die Hände auf den Unterbauch, die Nase ist wach, der Atem verbindet, Raum entsteht und in ihm Sammlung, Kraft und Aufrichtung.

Die Stunde lud ein zum Ankommen, zum Sich-Lösen von gestern, zum Spiel, zum Zulassen des Flusses, zur Absichtslosigkeit.

Wir ruhen, immer nach jeder Stunde, auf dem Boden. Stille ist im Raum und die besondere Atmosphäre, die nach einer wesentlichen Beschäftigung mit sich selbst einen Raum umfängt. Das Erlebte kann in die Tiefe sinken. Gefühle oder auch Erkenntnisse können auftauchen, die später auch im Gespräch in der Gruppe angeschaut werden.

Im Gesprächskreis zeigt sich ein feines, langsames sich Vortasten, sich Zeigen und Lauschen zu den anderen hin. Einige kennen sich seit langen Jahren, sind schon im Üben des Atems erfahren, andere sind am Anfang. Alle sind Therapeuten verschiedenster Disziplinen, eine Musikerin. Wir sind neugierig aufeinander.

Zum Abschluss dieses ersten Treffens lese ich aus Edwin Fischers „Musikalische Betrachtungen“[2] die „Ansprache an junge Musiker“:

„Wir haben mit Absicht dieses stille Haus gewählt, um miteinander uns den Werken der großen Meister zu widmen, dieses einfache Schloss, das fern dem Getriebe der großen Stadt liegt, zu dem Sie nur zu Fuß auf einem Gang von einer guten Viertelstunde gelangen können. Hier, ohne künstliches Licht, ohne Auto, ohne Telefon, nur von der Natur umgeben, hoffe ich, dass Sie schon auf dem Wege dahin die Unrast, den Alltag, das allzu Materielle verlieren und vergessen mögen – und so, schon

2 Edwin Fischer, 1886–1960, klassischer Konzertpianist und Dirigent, Musikalische Betrachtungen. Ansprache an junge Künstler, Ogham Verlag, Stuttgart 1984

vertraut mit Baum, Wolke und Wind, den Werken empfänglich nahen. Handelt es sich hier ja nicht darum, Ihnen schnell ein paar Stücke beizubringen – – ich habe nichts anderes, nichts Geringeres im Sinn, als Sie vom Klavier fort und zu sich selbst zu führen.

In der heutigen Zeit vollkommener Technik und Mechanik hat ein nur im rein pianistisch-artistischen Sinne gut gespieltes Klavierstück keinen Zweck mehr. Nur innerlich erlebte Kunst, an der Ihre Persönlichkeit schöpferischen Anteil hat, interessiert, wirkt und baut auf. Sie müssen zu sich selbst gelangen.

Um Sie dazu zu bringen, müssen die, die nicht schon einmal gestorben sind, sterben, und zwar den Opfertod aller Eitelkeit, alles Angelernten, Aufgeklebten, Falschen. Sie müssen dann, wie ein Suchender, leise hinuntersteigen in das Dunkel Ihres tiefsten Seins, dorthin, wo Sie in der Kindheit waren, und dem Rauschen Ihrer Wünsche und Sehnsüchte lauschen, wieder sein wie ein Kind, ein Baum, eine Blume, unverfälscht und echt, hingegeben dem Gefühl des vollen Lebens. Und wenn Sie still genug sind, voller Ehrfurcht für den Gott in Ihnen und Ihr Ohr ans Urgestein pressen, um dem heimlichen Ton zu lauschen, der durch alle Welten zieht, wird Er das heilige Feuer der Phantasie aufleuchten lassen, einer Phantasie, die ihre Kräfte aus Ihrem eigenen Sein und Wesen zieht.

Und bist Du demütig und stark zugleich, so schaust Du das Land Deines eigenen Wesens, das Land der reinen Dinge, die Kraft, die Größe, die Schönheit selbst und auch das Leid und die Weichheit und die Verklärung. Und hast Du diese Urbilder in Dich aufgenommen, so lass den Strom Deiner Kräfte aufsteigen in Dein Leben, in Deine Taten, in Deine Kunst und: forme nach Deiner Phantasie – – und das Bild Deiner Schönheit, Deiner Größe, Deine Liebe und Deine Trauer, Deine Hoffnung und die Freude wird leuchtend und fruchtbar. Du wirst ein Schöpfer...

Ein schöpferischer Mensch aber in seiner besten Stunde ist göttlich. Wenn es Dir jedoch nicht gegeben ist, Deine innere Vorstellungswelt in eigenen Schöpfungen zu verwirklichen, so findest Du die Werke der großen Meister. Sie sind wie Gefäße, bereit, Deinen Strom zu empfangen. Diese herrlichen Gebilde sind die andere Hälfte Deines Daseins. Umfange sie, belebe sie, ohne ihnen Gewalt anzutun, veredle Dich an ihnen, wachse an ihnen und: leihe ihnen, diesen Götterbildern eines geahnten Reiches, die Kraft Deines warmen Lebens.

Doch diese geahnte geistige Welt bedarf, um in Erscheinung zu treten, der diesseitigen Wirklichkeit. Zwar benutzen wir in unserer Kunst den denkbar entmaterialisiertesten Stoff, schon nicht mehr an unsere Erde gebunden – die Schwingung – doch auch sie will geformt, geschaffen sein. Der Weg vom Urbild über Psyche, Physis, Instrument zum Klang ist weit – nur ein Bruchteil des Urbildes kommt zur Erscheinung.

Wenn ich Ihnen auf diesem Weg helfen kann, so tue ich es gerne, damit aus dem Werk und Ihrer Persönlichkeit zusammen ein Neues entstehe, aus dem in Kraft und Reinheit das Ewige leuchte, um dessentwillen zu leben allein sich verlohnt."

Am Nachmittag üben wir auf dem Boden. Wir liegen auf dem Rücken, der Kopf rollt von Seite zu Seite. – Was geschieht, wenn wir ganz empfindsam jede Phase dieser Bewegung verfolgen? – Es braucht Zeit, bis über das Wecken der Spürsamkeit die innere Antwort auf die äußere Bewegung freigegeben werden kann, bis der Atem in dieses Bewegungsspiel einschwingen kann.

Ich überlasse mich dem tragenden Boden, die Hände legen sich auf den Leib. Raum ist zwischen den Händen und dem Boden. Erst die Schwingung des Atems lässt den Raum deutlich werden.

Ein Knie zieht seitlich etwas heran, der Außenknöchel kommt auf den Boden zu liegen. Spürsames Einlassen in eine völlig neue Situation. Erst wenn sie sich ganz ausgewirkt hat, gleitet der Knöchel am Boden zurück und das Bein breitet sich aus. Das andere Knie zieht heran, wenig, und wir lassen uns nun hier neu in die Erfahrung ein.

Die Hände legen sich auf den Leib, beide Knie ziehen leicht seitlich heran, wir lassen uns weich in diese Lage ein, lauschen auf das innere Geschehen und lassen es zu und verbinden uns mit ihm. – Beide Knöchel gleiten nach einer Weile zurück, die Beine breiten sich aus und übergeben sich dem Boden.

Nun folgt die Einladung, sich ganz aus dem jetzigen Körpergefühl heraus zu dehnen und zu räkeln, Begegnung mit dem Innenraum, mit dem Außenraum – *ein* Raum – Öffnung zum Spiel. Summen durchdringt den Rücken zum Boden hin, die Füße stellen sich auch mal an und die abgewinkelten Beine gleiten leicht zu den Seiten, immer mit der Schwingung des Summens.

Im Nachruhen kann sich der Rücken vom Boden lösen, es findet sich von allein eine gute Ruhelage. Wir bleiben eine Zeitlang mit der Nachschwingung verbunden.

Im abschließenden Gespräch stellte sich die Frage: „Was hat Euch hierher gebracht?"

So öffnen sich nach einem ersten Arbeitstag Fenster zu den verschiedenen Welten, denen wir in dieser kommenden Zeit immer wieder und immer deutlicher begegnen werden.

Nach drei Wochen verabschiedet sich ein freundschaftlicher, liebevoller Kreis voneinander. Es ist etwas entstanden, das tragen wird bis zum Wiedersehen: Ehrlichkeit und Vertrauen, Nähe, Neugier und Freude, miteinander weitergehen zu dürfen auf dieser Entdeckungsreise

Der ist ein Arzt,
der das Unsichtbare weiß,
das keinen Namen hat,
das keine Materie hat
und doch Wirkung.

Paracelsus

Erstes Gespräch

Biographisches, die Lehrjahre

Wie es begann

D. Zu Beginn möchte ich Dich fragen, wie dieses Feuer in Dir entstanden ist? Wie der Funke gezündet wurde, dass Du zwei Drittel Deines Lebens so intensiv dem Atem gewidmet hast und darin ganz und gar engagiert bist, voller Begeisterung und Faszination! Wie ist es geschehen, dass Dir auf einmal klar wurde: „Das ist meine Arbeit, meine Berufung"?

H. Jetzt, wo ich schon auf ein großes Stück Leben zurückblicken kann, erscheint es mir sehr folgerichtig, dass ich diese Bahn eingeschlagen habe oder mehr noch, dass es zu einer bestimmten Zeit dahin gehen musste. Es begann eigentlich schon in meiner Kindheit. Meine 13 Jahre ältere Schwester Frederike[3] hatte großen Einfluss auf mich. Ich erinnere mich an einen Abend, ich war vielleicht acht, meine Schwester 21, Medizinstudentin, und schon im Kreis des Atemdoktors Dr. Ludwig Schmitt [4]. Meine Mutter und sie standen an meinem Bett; ich schlief, so meinten sie. Meine Schwester sagte zu meiner Mutter: „Wie schön so ein Kind schläft, wie ruhig der Atem geht, wie still". Ich hatte natürlich nicht geschlafen und war stolz, dass ich so schön atmen konnte. Ein bisschen habe ich schon da begriffen, dass das Atmen wichtig ist. Ab und zu hörte ich dann immer wieder etwas über den Atem, aber hatte natürlich keine Ahnung, was für eine Bewandtnis es mit ihm hatte.

D. Was hat Deine Schwester Dir dabei vermittelt?

H. Ich spürte eine große Verehrung und Liebe für ihren Lehrer, den Doktor und seine Arbeit. Ich spürte immer, wenn sie da war, dass für sie beides zusammen gehörte: Der Atem und Schmitt, der Vermittler. Die Welt des Doktors und meiner Schwester war für mich eine sehr geheimnisvolle. Ich erlebte alles von der Ferne, eben als ein Kind, und doch war da schon eine Wachheit, ein Staunen.
Dann kam der Krieg. Meine Schwester führte die Schmitt-Praxis in Berlin, Schmitt wurde inhaftiert, schließlich im KZ Sachsenhausen.

---

3 Dr. med. Frederike Richter, 1912–1960, enge Mitarbeiterin von Dr. Ludwig Schmitt, mit ihm gemeinsam Verfasserin des Standardwerkes „Atemheilkunst", Humata-Verlag Bern

4 Dr. med. Johannes Ludwig Schmitt, 1896–1963, Naturheil-Arzt, Gründer der Schmitt-Klinik in München und der AFA, Arbeits- und Forschungs-Gemeinschaft für Atempflege

Ich erlebte in der Schulzeit den Krieg mit viel Tod in allernächster Nähe.
Nach dem Krieg studierte ich Germanistik und arbeitete gleichzeitig als Sprechstundenhilfe in der Schmittschen Praxis in Nymphenburg. Wieder kam der Atem in mein Leben.
Und ich habe immer gesungen. Gegen alle meine Zweifel, dass die Stimme zwar süß, aber klein und schüchtern sei, begann ich damit und verdiente gleichzeitig mein Studium durch Mitarbeit in der Praxis. Ein für mich spannender, schöner und schwerer Weg fing an.

Begegnung mit Dr. J. L. Schmitt

In der Praxis erlebte ich einen Arzt, der für die Menschen, die zu ihm kamen, voll da war. Er hatte eine unglaublich gut besuchte Naturheilpraxis und bewältigte täglich eine große Arbeitslast. Er hat das mit Ernst, großer Güte und Humor getan. Seine Mittel waren oft ungewöhnlich. Und immer arbeitete er auch mit dem Atem. Das war das Zentrum. Ich durfte oft bei Behandlungen dabei sein, die er Atemmassagen nannte. Schmitt hat mir viel erklärt und die Patienten haben mir erzählt. Ich wuchs da langsam hinein, bis eines Abends, als der letzte Patient gegangen war, Schmitt mir anbot, mich zu massieren. Ich kann noch spüren, wie in mir eine große Aufregung war, wie vor einer Initiation und dann war es auch so. Nach dieser ersten Atemmassage war in mir eine Stimme, die sagte: „Von jetzt an ist nichts mehr so wie früher, – jetzt beginnt mein Leben!“

D. Was ist da passiert?

H. Er hat sehr schmerzhaft gearbeitet, aber dich in deiner Person gehalten und durch den Schmerz durchgeführt. So hat er klar gemacht, du musst durch dich durch gehen. Du kannst nicht immer an dir vorbei gehen, – du musst durch dich durch. Und ich war wie verwandelt. Danach hatte ich das Gefühl, jetzt bin ich geboren.

D. Wie würdest Du die Verwandlung beschreiben?

H. Die Verwandlung von einem eher unwesentlichen kleinen Mädchen zu einem Menschen, der auf einmal anfängt, zu schauen und zu fragen und zu ahnen: Es ist etwas gemeint mit Dir.

D. Hattest Du auf einmal das Gefühl, dass Du wesentlich bist?

H. Ja. Das geht natürlich nicht auf einmal. Aber da hat der Weg begonnen und ich habe mehr und mehr gelernt, dass ich mein eigenes Schicksal habe.

D. Wie hat er Dich darauf hingewiesen?

H. Er hat mich herausgefordert, ganz außerordentlich.

D. Und dadurch hast Du Dich gemeint gefühlt?

H. Das war das Wesentliche und einzig Wichtige. Das hat mir auch für später gezeigt, es geht darum, dass Du den Menschen meinst. Du kannst dies oder das machen. Es ist gut, wenn du weißt, was du machst, aber das Wichtigste ist, den Menschen ganz zu meinen. Dann kann er anfangen zu wachsen.
Das war eigentlich mein Initialerlebnis.

D. Danach bist Du nach Mailand gegangen?

H. Ja, nach Studienjahren in München habe ich mein Gesangstudium in Mailand fortgesetzt und eine Ausbildung als Koloratursopran erfahren; sozusagen an der Quelle. Ich erlebte dabei Höhen und Tiefen. Leider verlor ich die Selbstverständlichkeit des Anfangs. Meine Stimmschulung und meine Atemschulung bei Schmitt fanden nicht zusammen. Seine Vorstellungen über den Atem beim Singen waren sehr anders als die des Belcanto. Daraus entstanden Probleme.
Nach einem Liederabend, den ich im Lenbachhaus in München gab, kam es zu einem Zerwürfnis zwischen Schmitt und mir. Unsere Vorstellungen in der Kunst gingen so auseinander, dass ich spontan beschloss, nicht mehr zu singen. Und so hörte ich von einem Tag zum andern auf. In mir war eine Stimme, die sagte: „Es ist Schluss, ich singe nicht mehr."

D. Womit musste Schluss sein?

H. Es musste Schluss damit sein, dass ich mich so quälte für etwas, was mir eigentlich Freude machen sollte.

D. War es auch das Gefühl, Du genügst nicht den Erwartungen, und vielleicht ein eher inneres Wissen: „Eigentlich ist es doch nicht meins"?

H. Das wollte ich lange nicht wahr haben. Ich denke, es war beides. Es war aber auch noch ein Anderes: die Zeit läuft mir weg. Denn wenn du als Koloratursopran mit, sagen wir 28, nicht Karriere machst, machst Du sie nie mehr. Das willst du aber nicht glauben.

D. Das ist hart! – Was hatte das Singen Dir vor allem gegeben?

H. Das Singen bedeutete Freude, Leichtigkeit, Musik, Schönheit, Eros.

D. Du hast Dich da am lebendigsten gefühlt?

H. Ja.

D. Ich meine, Musik liebst Du sowieso.

H. Ich bin mit Musik aufgewachsen, aber ich bin eben nicht in einer Musikerfamilie groß geworden, wodurch ich schon mehr gewusst hätte. Ich hatte sehr attraktive Studienangebote, die ich alle ausgeschlagen habe, weil ich München hätte verlassen müssen. Wenn ich mehr gewusst hätte vom Singen, hätte ich damals begriffen: Wenn die Karriere nicht an erster Stelle steht, wirst du es nicht schaffen. Damals hätte ich eigentlich schon aufhören sollen zu singen. Heute begreife ich: das war ein Weg. Es war eine Art Zen-Schulung.

D. Als Du dann aufgehört hast, hast Du auch für Dich nicht mehr gesungen?

H. Nein. Ich habe aufgehört zu singen und ich habe nie mehr gesungen. Ich glaube, ich bin 10 Jahre nicht in die Oper gegangen oder in einen Liederabend. Ich konnte nicht.

D. Wie ging es dann weiter?

H. Ja, dann kam eben die schwierige Frage, was soll ich jetzt machen? Es geschah viel zu dieser gleichen Zeit. Ich habe aufgehört zu singen und habe die meisten Brücken zu meinem vorherigen Leben abgebrochen. Ich stand auf einmal allein mit leeren Händen da.
Bevor ich nach Mailand gegangen bin, hatte ich hier in München Germanistik studiert und mit 7 Semestern das Studium abgebrochen. Ich wollte nur singen. Dann habe ich aus Vernunft so schnell wie möglich ein Dolmetscherexamen gemacht, um nach Mailand gehen zu können. Nach den drei Mailänder Jahren machte ich noch ein Examen in Italienisch. Es machte mir Spaß und war auch zur Beruhigung meines Vaters.

D. Wie hat Dr. Schmitt darauf reagiert, dass Du mit dem Singen aufgehört hast?

H. Es tat ihm weh, doch gleichzeitig gab er mir wieder einen wichtigen Rat und überzeugte mich, in die Heilpraktikerschule zu gehen. Es war für mich eine sehr schwere Entscheidung, denn ich hätte eigentlich ge-

hofft, stattdessen einen Vertrag an der Staatsoper unterschreiben zu können. So habe ich einen Vertrag an der Heilpraktikerschule unterzeichnet, nicht wissend, ob ich dazu irgendeine Begabung haben würde und was nun aus meinem Leben werden sollte.
Als ich dann aber dort war, habe ich mit der Zeit wirklich Freude daran gefunden: „Vielleicht könnte es eines Tages mein Beruf werden!"
Schmitt starb 1963, im gleichen Jahr wie mein Vater. Meine Schwester war schon 1960 gestorben. So war ich wirklich allein. Es war eine schwierige Zeit mit vielen Fragen. Aber dann traf ich die klare Entscheidung:" Wenn ich fertig bin mit der Schule, fange ich sofort an zu arbeiten." Ich begann daraufhin mit einer reinen Heilpraxis und das hat mir sehr viel Freude bereitet.

D. Was hast Du da gemacht mit den Menschen?

H. Ich habe Rezepte geschrieben, ich kannte auch von der Schmittschen Praxis und Klinik her viele wirkungsvolle naturheilkundliche Mittel. Ich habe Blutegel und Schröpfköpfe gesetzt, habe die Leute gespritzt, habe auch ein bisschen Akupunktur gemacht. So war es eine sehr lebendige Praxis. Ich hatte außerdem viele Augendiagnosekurse besucht und habe mich erfreut an solchen Möglichkeiten, Menschen zu erkennen und mit Menschen zu arbeiten.
Eines Tages habe ich gedacht: „Wenn Du doch sowieso manchmal massierst, warum machst Du dann nicht mal eine Atemmassage?" Ich hatte das ja eigentlich nie gelernt. Ich durfte aber bei Schmitt viel zuschauen und erlebte viele Atemmassagen am eigenen Leib. Ich bin auch auf Hausbesuche mit ihm gefahren. Das waren fast die einzigen Gelegenheiten, wo wir Zeit hatten, miteinander zu reden. Da hat er mich vorbereitet im Gespräch und geschult. Irgendwie hat er wohl gewusst, wo es hingeht.

D. Was war dabei die Grundbotschaft, die Du von ihm bekommen hast?

H. Es war eine geistige Botschaft. Ich habe jetzt im Sommer nochmals seine Briefe gelesen, nach langen Jahren. Es hat mich tief berührt, denn noch einmal tat sich vor mir seine innere geistige Welt auf. Es war ein großes Geschenk, mich daran teilnehmen zu lassen. Er war ein großer Lehrer, und die Essenz seiner Lehre war geistige Botschaft. Er wollte, dass ich sie in meiner Weise weitergebe und hatte gedacht, im Singen.

D. Kannst Du konkreter sagen, um was es in dieser Botschaft geht?

H. Es geht um Liebe und Freude. Er lehrte bedingungslose Liebe.

D. Kam diese offensichtlich religiöse Verbindung bei ihm aus dem Christlichen oder war das offen?

H. Er war ein zutiefst religiöser Mensch, christlich geprägt durch Kloster und Theologiestudium, später befreit von konfessionellen Bindungen. Sehr früh öffnete sich ihm auch östliches geistiges Wissen und fand Eingang in sein Denken und Fühlen. Er war nach seinem Selbstverständnis ein Priesterarzt und er ging seinen Weg in großer Klarheit.

D. Noch mal zu seiner Arbeit. Du hast ja viel zugeschaut. Was ist da geschehen und wie hast Du ihn darin erlebt?

H. Ja, was ist passiert? Das ist schon so lange her. Ich habe erlebt, wie da ein Mensch die Fähigkeit hatte, einen anderen zu sehen und mit einem ganz sicheren Blick für das Wesentliche zu erkennen, um dann tätig zu werden mit dem jeweils Notwendigen; und zwar in seiner ganz eigenen Weise. Ein Anderer tut das Notwendige eben anders. Er tat das in seiner Weise: kurz und bündig. Er stand ganz dahinter und vermochte den Menschen wirklich vollkommen aufzunehmen.
Er stand dann so da, dieser breite pyknische Mann und nahm die Leute einfach an sein Herz, wenn es darauf ankam. Ich habe erlebt, wie Menschen manchmal weinend herausgingen, aber eben verwandelt über den Körper. Er hat nie den Körper allein behandelt, obwohl er doch so körperlich gearbeitet hat. Dies wurde klar durch die Weise seiner Präsenz. Das habe ich bei ihm wirklich lernen können. Dafür bin ich sehr dankbar. Dazu kam noch, dass er sehr humorvoll war, so einen schwäbischen Humor hatte, immer mit Herz. Er war ernst, er war tief und auch sehr witzig. Wenn jemand einmal anfing, zu heilig zu werden, machte er irgendeinen Witz und brachte ihn so wieder „auf den Teppich“.

D. Hat er während der Behandlung auch Worte benutzt oder das weniger?

H. Ja, er hat dich manchmal mit Worten motiviert während der Behandlung. Er hat so genannte große Massagen gemacht. Da musste man alle Bedingungen loslassen. Er war in der Massage den Menschen sehr nahe, er arbeitete fast immer am Boden. Du konntest dich gehalten fühlen und dadurch den Schmerz, den er setzte, annehmen. Er sprach manchmal dazu, eingehend auf das, was er tat, ermutigend und liebevoll. Er war bei dir. So konnte er dich aus den Konditionierungen, in denen du befangen warst, deinen Beschränkungen dem ganzen Leben gegenüber, lösen.

D. Was hat ihn dabei geleitet?

H. Er konnte sehen. Ich glaube, er war zu Zeiten hellsichtig. Er fühlte sich sicher in seinem Auftrag, die Menschen, die zu ihm kamen, aus ihren Identifikationen zu lösen, um sie zu sich selbst zu führen.

D. Könnte man sagen, dass er vor allem eine Befreiungsarbeit versucht hat?

H. Absolut, und oft mit Erfolg!

D. Den Körper zu befreien und damit den Menschen und die Seele?

H. Er hat oft gesagt, viele Gespräche könnte man sich ersparen, wenn man die Menschen im Körper befreit und damit wieder zu ihrem Atem bringt. Wenn sie wieder durchatmen können, wird die Seele frei.

D. Hat er mit den Patienten auch über ihre Probleme oder Konflikte geredet?

H. Ja, wo wirklich zu reden war. Ich habe aber oft auch erlebt, wie er Patienten gehindert hat, zu reden, manchmal vor, manchmal nach der Behandlung. Er wollte die Menschen auf eine andere Ebene bringen. Manchmal hat er sie regelrecht gezwungen und hat ihnen verboten zu sprechen, vor allem nach der Massage. Das Wort sollte die Wirkung nicht abschneiden. Er konnte da sehr streng sein.
Er hat oft gesagt, er könnte diese Erfolge nicht ohne seine Klinik haben. Patienten kamen da oft für Wochen in eine sehr intensive Behandlung, auch mit anderen naturheilkundlichen Anwendungen. Es war ein großer Geist in dieser Klinik.

D. Noch eine grundlegende Frage: Was war der Atem wirklich für Dr. Schmitt?

H. Die Anbindung an das Göttliche. Anschluss an den kosmischen Atem, an die Einheit, die Ganzheit, – so habe ich das eigentlich immer verstanden.

D. Wenn jemand in seinem Atem ankommt, kommt er in die Einheit?

H. Schmitt hat mir immer wieder vermittelt, dass der Mensch, wenn er bereit ist, bedingungslos einen Weg zu gehen, dort ankommen kann. Er hat mir gezeigt, dass der Körper bereitet werden muss.
Er hatte ein großes Wissen über geistige Gesetze und die menschliche Natur. Er war sich sicher, dass er den Menschen, die er zu ihrem Atem

führte, eines der größten Geschenke machte. Er wusste auch um die Gefahr, einen Menschen an diese Kraft des Atems zu führen, der noch nicht die Reife besitzt, eben diese Kraft positiv einzusetzen. Ich habe erlebt, dass er auch gelitten hat unter dieser Verantwortung.

D. Wie hat er seine eigene Kraft regeneriert, er ist doch nicht behandelt worden?

H. Ich glaube, er war in einem guten Anschluss an seine Quelle. Er konnte sich unglaublich schnell regenerieren. Ob er das auch in der Haft, in diesem erzwungenen Rückzug gelernt hat? Oder auch vorher schon im Kloster? – Im KZ haben ihm seine Gebets- und Meditationspraxis und seine große geistige Kraft sicher das Leben gerettet, verbunden mit seiner Weichheit und seinem enormen Bildungsschatz.

D. Wie war seine Beziehung zur Natur?

H. Sie war eine Beziehung zu den großen Gesetzen. Ein intuitives Wissen und etwas Paracelsisches lebte in ihm, umfasste Heilpflanzen, Mineralien, Wasser. Er war immer offen für neue Forschungen. Er war ein Kenner der Astrologie und erfahren im Umgang mit dem I Ging, das er ein Atembuch nannte. Ich kenne keinen Menschen, der so fleißig war wie er. Er brauchte nicht viel Schlaf, er war ein großer Arbeiter.

D. Wie kam er denn auf die Atemarbeit? Seinen Ansatz zu behandeln, gab es eigentlich so vorher nicht. Ich glaube, es ist gut darüber zu sprechen, weil dort Deine Wurzeln in der Arbeit sind.

H. Als Theologiestudent wurde er Soldat im Ersten Weltkrieg. Da muss es geschehen sein. Er hatte eine Art Vision: Man muss dem Menschen ganz konkret helfen, im Geist wie im Körper. Er erkannte in dieser Zeit, das geht nur über den Atem, – diesen verbindenden göttlichen Strom. Nach dem Krieg beendete er sein Theologiestudium und begann Medizin zu studieren. Die Idee des Atems hat ihn nie verlassen, obwohl er sich eine umfassende naturheilkundliche Praxis erarbeitete. Er wurde als junger Arzt in München schon bald der „Atem-Schmitt" genannt.

D. Aber er hatte diese ganz eigene Methode, das gab es nirgendwo. Ist sie einfach so aus ihm herausgewachsen?

H. Er hat nie massieren gelernt. Aber er konnte sehr klar sehen und denken und erkannte, wo Menschen Hilfe brauchen. Er fand seinen ganz eigenen Weg zu helfen. Und ich glaube, es ist wichtig zu sagen, er war sehr mutig.

D. Hat er Dir jemals etwas über ein inneres Geführtsein erzählt?

H. Oh ja, er war ohne Zweifel in einer großen Führung. Das war immer zu spüren. Mit absoluter Sicherheit sagte er einmal zu mir: „Ich bin wie Moses“, oder sogar: „Ich bin Moses. Ich führe die Menschen ins Gelobte Land und darf selbst nicht hinein.“ Das war vielleicht sein Leid.
Ich verstehe heute, er ist diesen Weg sehr einsam gegangen und unter einer Führung: Er musste ihn gehen. Ich erinnere mich, dass er mir von den zarathustrischen Lehren in der Mazdaznan-Bewegung[5] gesprochen hat, die ihn wohl eine Zeitlang sehr beeinflusste.

D. Es beeindruckt vor allem diese Unhinterfragtheit, Selbstverständlichkeit und dieses Sendungsbewusstsein!

H. Ganz sicher. Er war ja nicht der Mensch, der sich nicht hinterfragt hätte, wenn es darauf ankam. Aber seine Mission hat er niemals hinterfragt.

D. Hast Du ihn auch in Zweifeln erlebt?

H.: Ja doch, und zwar in bitteren. Zweifeln im Beruflichen und auch im Persönlichen, natürlich. Er hat die Arbeit am Menschen sehr verantwortungsvoll gesehen. Da kann das Leiden daran nicht ausbleiben.

D. Und von seinem Ego her, wie ist er mit der vielen Verehrung und Bewunderung umgegangen?

H. Ich habe ihn nie als einen Mann empfunden, der besonders eitel oder von seinem Ego beherrscht war, obwohl er diese Bewunderung natürlich auch genossen hat. Aber er war zu geistig und zu humorvoll und demütig, um sich damit zu identifizieren. Das hat ihn gerettet, sein Angeschlossen sein an die andere Kraft. Und auch, weil er doch zu viel gelitten hatte.
Ich denke da zum Beispiel an eines seiner letzten Vorhaben. Er hat eine Ärzte-Krankenversicherungs-Reform angestrebt. Das hat ihm, glaube ich, am Schluss sehr schmerzliche Erfahrungen gebracht. Was er damals mit viel Herzblut, hohem finanziellem Aufwand und unglaublich großer Arbeit aufbauen wollte, kann ich heute, bei dem Desaster der Krankenkassensituation, nur als weit seiner Zeit voraus sehen. Er wur-

5 „Mazdaznan, Atem- und Gesundheits-Kunde“, im Englischen erschienen 1902 von Dr. O. Z. A. Hanish (1844–1936). Das Wort kommt von „Ahura Mazda“, einem Namen Gottes aus der alten iranischen Religion Zarathustras (Zoroaster).

de bewundert, bekämpft und belächelt. Ich glaube mit seiner sozialen Besessenheit kamen kühle Politiker nicht zurecht. – – –

D. Gehen wir ein Stück in Deinem Leben weiter. Du hast dann angefangen, in Deiner Praxis Atemmassagen zu geben?

H. Ich versuchte, mich mit allen meinen Sinnen zu erinnern, wie sich das angefühlt hat und was ich gesehen habe und fing einfach an. Die Patienten haben das von Anfang an sehr angenommen.

D. Kannst Du Dich erinnern, wie die ersten Patienten unter Deinen Händen lagen, was Dich da geleitet hat?

H. Meine Erfahrung und meine Wahrnehmung des Menschen, der vor mir lag. Es führten mich mein Spürsinn und meine Hinwendung und ein Stück weit mein Mut, zu wirken. Vor allem aber ließ ich mich vom Atem des Patienten leiten. Jeder einzelne meiner Patienten lehrte mich.

D. Aber Du hattest eine gewisse Grundsicherheit?

H. Ich spürte bald, ich muss mein eigenes Erfahrungswissen und das bei Schmitt Gesehene zusammen bringen. Kein Mensch kann arbeiten wie ein anderer – eine Frau schon gar nicht massieren wie Schmitt. Und doch: „Gab es die Möglichkeit, das Wesentliche ebenso wesentlich anzusprechen und zu bewirken?“ Das war die innere Frage, die mich leitete.

Begegnung mit Volkmar Glaser[6]

Da ich doch recht allein war im Lernen, entschloss ich mich, zu Volkmar Glaser zu gehen, um zu schauen, wie er das von Schmitt Gelernte für sich umgesetzt hatte. Ich habe einige Seminare bei ihm gemacht und habe dort die Schmitt'sche Basis wieder erkannt, – verwandelt durch das Wesen Volkmars. Das war meine wichtigste Lehre bei ihm.

D. War da auch so eine Dynamik wie bei Schmitt?

H. Nein, aber etwas Liebevolles, etwas sehr Feines. Er hatte nach seinem Medizinstudium Psychologie studiert. Das hat seine Arbeit sehr beeinflusst. Es hat mir gut getan, zu sehen, wie er seine eigene, zu ihm

6 Prof. Dr. Volkmar Glaser, 1912–1997, Begründer der „Psychotonik“ (die Lehre vom Lebensgefühl) mit Lehrinstitut in Zürich

passende Weise gefunden hat. Ich zog daraus den Schluss, so habe auch ich das Recht, weiter zu gehen und das Meine zu finden.

D. Kannst Du noch mehr dazu sagen, was Du bei Volkmar Glaser gelernt hast?

H. Ja, das war seine andere Art, mit dem Menschen in Kontakt zu kommen. So ganz anders als Schmitt. Der kam zur Türe herein und war da, – unmittelbar. Bei Glaser war es eine achtsame Weise, verbal Schritt für Schritt den Kontakt über das Fühlen des Schülers herzustellen. Es war mir sehr interessant. Das hatte einen minutiösen Aufbau. Volkmar Glaser hatte damals das Gamma-Nervensystem[7] „gefunden", das ganz auf die Berührung anspricht. In diesem Rahmen entwickelte er die Arbeit am „haptischen Raum"[8] und aus diesem Wissen heraus scheint er seinen Kontakt-Aufbau entwickelt zu haben. – Heute wird diese Theorie von der neuesten Hirnforschung untermauert. Ich glaube, es wäre für Volkmar eine große Freude, die neuesten wissenschaftlichen Berichte über den Wert von Berührung zu lesen.[9]
Ich erfuhr also einen anderen Ansatz durch Volkmar, für den ich dankbar war.

Begegnung mit Ilse Middendorf

D. Später hast Du dann noch die Arbeit von Ilse Middendorf[10] kennen gelernt. Was war daran besonders für Dich?

H. Von Schmitt und Glaser kannte ich die Arbeit am nackten Körper. So war es für mich zuerst sehr verwunderlich, mich nicht auszuziehen zur Behandlung. Welch ein Unterschied, ob ich nackt bin oder in meinen Kleidern! Nackt bin ich auf jeden Fall ausgelieferter und weniger geschützt. Ich konnte aber sofort erkennen, dass sich durch diese veränderte Situation ein anderes Begegnungsfeld bildete. In der Behandlungsweise von Ilse Middendorf war sofort deutlich: Die direkte Körperlichkeit ist nicht so wichtig und Fehlformen im Körper spielen keine so große Rolle. Das Miteinandersein rückte mehr in den Vordergrund. Die Frage „wer bist du?", in die Schmitt über die Arbeit

7 Gamma Neuronen: „Nervenfasern, die eine Zunahme der Empfindlichkeit der Muskelspindeln bewirken, aber keine Verkürzung des Muskels. Sie sind für den Tonus verantwortlich." Pschyrembel Klinisches Wörterbuch, Walter de Gruyter Verlag, Berlin 1986

8 „haptisch": den Tastsinn betreffend

9 Vgl. „Das Verlangen nach Berührung" in GEO 06/2004, S. 122–140

10 Prof. Ilse Middendorf, geb. 1910, Begründerin „Der erfahrbare Atem" mit Lehrinstitut in Berlin

am nackten Körper rief, stellte sich hier in anderer Weise. Wenn sie verstanden wird, geht die Frage sofort in die Tiefe. Es war also eine weniger physische Einladung, sich der Berührung zu öffnen und dann geschehen zu lassen, was durch sie geschehen sollte.
Bei Ilse erlebte ich dabei eine neue Art des Fliessens zwischen ihr als Behandlerin und mir als Behandelter. Es war mehr wie ein Miteinandergehen eines Weges, ein Empfinden, immer begleitet zu sein. Sie kannte den Weg und führte achtsam auf ihm. Ich fühlte mich in einer anderen, vielleicht auch weiblicheren Art als Person angenommen. In einer neuen Weise war der Boden geschaffen für Begegnung, aus der Wandlung geschehen konnte.

D. Kannst Du mehr darüber sagen?

H. Nochmals will ich gegenüberstellen: Schmitt hat dich manchmal sogar gezwungen, Schritte zu gehen, die du alleine noch nicht gegangen wärst oder hättest gehen können. Das war eine enorme Chance. Aber das ging nur aus einer großen Tiefe der Erkenntnis, mit absoluter Integrität und einem kraftvollen, warmen Herzen. Das Ja des Schülers war ein generelles Ja am Anfang, die Erlaubnis: „Ich bin bereit, ich vertraue Dir.“ Hier befanden sich die beiden Menschen also nicht auf der gleichen Ebene.
In der Behandlungsweise, die ich bei Ilse Middendorf kennen lernte, sind die Hände der Behandlerin über den Verlauf einer ganzen Behandlung im Kontakt mit dem Körper der Klientin. Es werden nicht wie in der Schmitt'schen Atem-Massage Reize gesetzt, die zu verarbeiten sind, sondern Behandlerin und Behandelte gehen in großer Stetigkeit miteinander einen Behandlungs-Weg. Der Atem der Behandelten übernimmt die Führung. Ich habe damals als Behandelte erkannt, dass ich durch diese Berührung sofort als Ganzes, als ganzer Mensch gefragt war und noch direkter in meiner Seele angesprochen wurde.
Letztendlich geht es in beiden Behandlungsweisen um das gleiche Ziel, nur mit verschiedenen Zugängen. Schmitt wie auch Glaser waren Ärzte, Männer. Ilse kam von der Gymnastik, war durch Cornelis Veening[11], ihren Lehrer, von der Jung'schen Psychologie geprägt. Auch das erklärt die verschiedenen atemtherapeutischen wie atempsychologischen Ansätze der Arbeit.
Beide Behandlungs-Arten fordern Hingabe. Bei Schmitt ging es um die Auslieferung, bei Middendorf um das achtsame, empfindende mit ihr auf den Weg Gehen. Ich habe bald erkannt, dass dieser Weg einlädt, anwesend zu werden, das Geschehen bewusst zu verfolgen und in der

11 Cornelis Veening, 1895–1976, Atemtherapeut, Scheveningen, Holland

Bewusstheit gestärkt zu werden. Ich verstand, warum Ilse vom „Erfahrbaren Atem“ spricht. Ich glaube, das ist wichtig. Vielleicht geschah diese Bewusstseins-Entwicklung bei der Schmitt'schen Massage weniger, weil sein wissendes Tun in der Behandlung dominierte.
Ich selbst bin dann immer mehr in die Richtung des Atembehandelns gegangen, wie ich sie bei Middendorf und später bei Veening erlebt habe. Noch mal in neuer Art hat sich mir bei ihnen mein inneres Leben aufgetan, Schmerzliches wurde gelöst. Innerer Frieden entstand durch die weitere Vertiefung des Wissens um den Atem. Annahme meiner selbst, Annahme des Lebens und das Erkennen, dass ich mich von meinem Atem tragen lassen kann.
Mein Vertrauen in die Wirkung dieser Form wuchs dadurch sehr. Ich konnte mit der Zeit erkennen, dass die Möglichkeit der Wandlung im Atem hier ebenso gegeben ist wie dort. Auch habe ich immer mehr begriffen, dass die meisten Menschen heute eine so dramatische Behandlungsform wie die von Ludwig Schmitt nicht so leicht annehmen könnten.

D: Vielleicht kannst Du an diesem Punkt zum Abschluss des heutigen Gesprächs schon einen zusammenfassenden Einblick geben, was durch diese Lehrer und Einflüsse an Wissen in Dir gewachsen war, ein Wissen über das Behandeln von Menschen.

H. Was ist das Wissen einer Behandlerin? – Setzt es sich nicht aus vielen Komponenten zusammen, die dann ineinander wirken und zu ihrem Wissen werden? Wach sein, sehen können, spüren können, fühlen können. Zeichen des Körpers und seines Ausdrucks verstehen lernen; Notwendiges erkennen und es mit Geduld umkreisen. Aus dem Vordergründigen in das Hintergründige leuchten, – das zu lernen, und so tiefer zu schauen. Den Atem immer als Aussage zu sehen und zu verstehen. Seine Weise, seinen Rhythmus, sein Wesen liebevoll zu begleiten und ihm manchmal eine neue Möglichkeit anzubieten und vieles anderes mehr.
Jeder Behandler ist ein anderer Mensch, hat damit eine andere Art des Schauens, des Berührens und sich Berührenlassens; hat eine andere Tiefe oder Leichtigkeit, eine andere Komposition. Wenn all die zu lernenden Fähigkeiten sich in ihrer Weise gemischt haben, wenn das Herz der Behandlerin offen ist und das Wissen aus ihm fließt, wenn sich dann auch die Öffnung in das Geistige schenkt, mit dem Erkennen, dass ohne den Anschluss an ES nichts gelingen kann, dann kann man vom Wissen eines Behandlers, einer Behandlerin sprechen.
Haben wir einen Behandler gefunden, von dem wir deutlich spüren, er weiß, er erkennt, er meint mich, er liebt – dann haben wir unseren Behandler gefunden.

Ich lerne sehen.
Ich weiß nicht, woran es liegt,
es geht alles tiefer in mich ein
und bleibt nicht an der Stelle stehen,
wo es sonst immer zu Ende war.
Ich habe ein Inneres,
von dem ich nicht wusste.
Alles geht jetzt dorthin.
Ich weiß nicht, was dort geschieht.

Rainer Maria Rilke
„Die Aufzeichnungen des Malte Laurids Brigge“

Zweites Gespräch

Zur Atembehandlung

Begegnung mit Cornelis Veening

D. Bevor wir konkret damit beginnen, über die atemtherapeutische oder atempädagogische Arbeit zu sprechen, würde ich gerne noch etwas mehr von Dir über Deine Begegnung mit Cornelis Veening hören. Er war ja ein weiterer wichtiger Lehrer für Dich, war auch der Lehrer von Ilse Middendorf und gilt neben Dr. Schmitt als der Begründer der von uns praktizierten Atemarbeit.[12]

H. Ich bin ihm begegnet, als er schon alt war. Er kam nach München, wohnte und behandelte in einer Schwabinger Pension. Hier traf ich ihn das erste Mal. Ein großer, breiter Mann mit einem holländischen Gesicht, aus dem mich helle blaue Augen anlächelten. Die Begegnungen mit ihm waren kostbar und hatten, zumindest in meinem Fall, immer etwas eher Unpersönliches und dennoch sehr Gemeintes. Seine Behandlungen waren direkt und tiefgehend. Er konnte viel sehen und ohne Worte auf verschiedenen Ebenen Wesentliches vermitteln.

D. Was hast Du besonders von ihm gelernt?

H. Vor allem haben mich seine starke Präsenz und seine stille Güte beeindruckt. Auch spürte ich bei ihm eine große Freiheit und Gelassenheit. Für mich lösten seine Behandlungen meist die Fragen auf, mit denen ich zu ihm kam. Deswegen haben wir nur wenig miteinander gesprochen. Er war da, legte die Hände auf mich und alles konnte geschehen. So lebt er in meiner Erinnerung. Da war auch noch etwas Wichtiges: Er mischte sich nicht ein. Er ließ die Kraft durch sich wirken, als sie selbst. Es ging ganz nach innen: Instase im Gegensatz zu Ekstase. Er war ein Magier, und die Dinge geschahen mit absoluter Selbstverständlichkeit.

D. Was hat er bewirkt?

H. Die Behandlungen, die er mir gab, erfüllen mich noch heute mit Staunen und Dankbarkeit. Da war ein großes gegenseitiges Verstehen. Er traf in die Tiefe der Tiefe. Alles ging dorthin, ganz bejahend und bestätigend.

D. Und welche Botschaft hat er dir dabei vermittelt?

---

12 Siehe dazu: Waldmatterkreis (Hrsg.), (1995): „Texte aus Erinnerung an Cornelis Veening anlässlich seines 100. Geburtstags."

H. „Du darfst sein, wie du bist. Du bist richtig, du bist gut“, und „Du sollst arbeiten, ich weiß, du kannst es.“ – In einer damals für mich wichtigen Lebensentscheidung hat er mich ganz auf mich selbst verwiesen, um mir dann zu meiner Entscheidung zu gratulieren.

D. Und was geschah auf der körperlichen Ebene?

H. Die Erinnerung daran ist mir entschwunden. Die Essenz seiner Behandlungen war fast immer die Annahme und die Bedingungslosigkeit. Das war seine kostbare Botschaft, ohne Worte.

Wesentliches der Atemarbeit

D. Wir haben jetzt wohl ausreichend über Deinen Lebenshintergrund und die Erfahrungen mit Deinen verschiedenen Lehrern gesprochen. – Wie siehst Du die Atemarbeit heute und was geschieht dabei? Um was geht es Dir bei der Arbeit mit dem Atem ganz besonders?

H. Es geht mir immer mehr um die Erfahrung des Wesentlichen.

D. Und was ist das Wesentliche ? Woran erkennt man es?

H. Was ist das Wesen des Menschen? Vielleicht das Allereigenste, das, wie Gott ihn gewollt hat. Es heißt: „Ich habe dich bei deinem Namen gerufen, du bist mein.“ Das kann nur das Wesen des Menschen meinen, seine eigenste Wahrheit.

D. Aber wie und wo kann man diese erkennen?

H. Manchmal in einer Gebärde, in einem Ausdruck des Gesichts, in einem Wort. Immer, wenn es sich zu zeigen wagt, im Atem des Menschen. Manchmal dauert es lange, bedarf vieler Übung, bis der Weg frei wird in die Wesenstiefe. Die meisten Menschen leben, ob sie es wollen oder nicht, sehr an der Oberfläche. Es ist nicht ihr eigenes, wahres Leben, nicht ihre „Erste Natur“, sondern ein angelerntes oder aufgezwungenes Leben, und sie wissen nichts von ihrem wahren Wesen. Sie sind nicht wirklich sie selber. Da denke ich an einen Spruch des persischen Dichters Rumi[13]: „Um von da fort zu kommen, wo du nicht bist und da hinzugehen, wo du bist, bedarf es eines Weges, der keine Ekstase kennt.“ Das heißt, es bedarf eines Weges der Arbeit an sich selbst, der nach innen führt.

---

13 Mowlana Jalaluddin Rumi, persischer Sufi-Mystiker, 1207–1273

Diesen Arbeitsweg schauen wir beim Behandeln an und stellen uns ihm. Es wird dabei deutlich: In der wirklichen Begegnung zwischen Ich und Du kann der Mensch sich in seiner Tiefe öffnen. Nur so geschieht ja Begegnung. Aufgabe und Weg der gemeinsamen Arbeit werden damit spürbar: Wie muss mein Berühren sein, dass es einlädt, zu fühlen und sich zu öffnen? Wie tief muss ich fragen, um den Wesenskern erreichen zu können, aus dem allein sich Wandlung vollzieht? Wandlung ist ja nichts Machbares. Wenn Fühlen und Sich-Öffnen erlaubt werden, wird der Mensch achtsam. Er lauscht. Dieses Lauschen öffnet eine Tür.

Deine Frage ging nach dem Wesentlichen in der Atembehandlung. Das Ziel ist es, zu diesem Wesenskern, der in jedem Menschen ist, achtsam und liebevoll vorzudringen. Das Festgehaltene, Verstellte, Gewollte, Ehrgeizige, sie fallen ab. Der Atem findet sein ihm gemäßes Flussbett, ist entweder still und ruhig oder sprudelnd, wie ein frischer Quell. So wie er aus dem Grund des Seins des Behandelten aufsteigt, so weiß die Berührende unmittelbar, hier sind wir am Wesen, an dem Eigentlichen dieses Menschen. Das erfordert Arbeit an der Bewusstheit. Der Atem kann nur frei werden und sich in das Miteinander hinein geben, wenn dieser Prozess ins Bewusstsein gelangt. Nun ist die Bahn frei für ein Zusammenschwingen von Körper und Seele.

Wenn es soweit ist, beginnt die Reise zu dem Wesentlichen der Begegnung. Der Begegnung des Behandelten mit sich selbst. Der Behandler hat dabei vielleicht eine Art von katalysatorischer Funktion.

D: Was meinst Du mit dem Begriff „Seele“, wenn Du von Körper und Seele sprichst?

H. Die Seele ist immer da, unzerstörbar. Sie senkt sich im ersten Atemzug in den Menschen hinein und verlässt ihn beim letzten. Sie ist der lebendige Funken. Sie verleiht dem Menschen sein Wesen. Dieses ist dann wandelbar durch die Prägungen und Erfahrungen während des Lebensweges. Aber es ist immer aufgehoben in seiner Seele. Die Seele inkarniert und setzt sich damit den menschlichen Bedingtheiten aus.

Hier setzt auch unsere Arbeit mit dem Atem an. Wenn der Atem verbunden bleibt mit der Schwingung der Seele, wird das Wesen des Menschen in Harmonie mit ihr sein: Der Mensch ist in Einheit mit sich, er lebt sein „wahres Wesen“. – – –

Die Bedeutung von Achtsamkeit

D. Bei der Begegnung zwischen Behandlerin und Behandelter spielt ja die Achtsamkeit eine große Rolle. Geschieht auch etwas, wenn die Achtsamkeit nicht dabei ist?

H. Es ist zu Beginn oft schwer, in Geduld geschehen zu lassen, dass scheinbar „nichts geschieht". Die Hände liegen auf dem Körper eines Menschen und du erlebst keine Reaktion. Es kann sein, dass dieser Mensch die Hände nicht spürt, dass er mit seinen Gedanken anderswo weilt oder sich in sich zurückzieht, aus Scheu, und dann einschläft. Was mache ich dann? Dazu will ich sagen, dass allein schon berührt zu werden, liebevoll angenommen zu sein und sein zu dürfen, wie man ist, heilend wirken kann.

D. Aber Du sagst, das allein reicht nicht aus.

H. Unsere Behandlungsweise braucht zwei wache Menschen, die sich miteinander in eine Erfahrung begeben. Wenn die Behandlerin innerlich weggeht, aus der Begegnung aussteigt, in andere Gedanken kommt, oder wenn die Behandelte einschläft oder wegträumt, dann ist die gemeinsame Reise erst mal beendet oder zumindest unterbrochen.

D. Da kommt man sich recht merkwürdig vor, wenn man dann an jemandem „rummacht", der eigentlich gar nicht mehr da ist.

H. Ja, „rummachen" darf man wirklich nicht! Ich empfinde da oft den Schlaf als etwas Heiliges. – Wie gehe ich damit um? Ich lasse die Hände einfach mal liegen, wechsle sanft ihre Position, warte. Wenn ich merke, jemand ist wirklich eingeschlafen, nehme ich die Hände weg, sitze still daneben, warte. Hier wacht der Patient meist auf, erstaunt, entschuldigt sich, wir können reden: Was ist geschehen?
Erlebe ich so eine Situation immer wieder, rege ich das Wachbleiben durch eine deutlichere Sprache meiner Hände an und spreche auch dazu – ermuntere, da zu bleiben, in der Verbindung mit dem Atemfluss zu bleiben, in dem Hinspüren zu meinen Händen. Es ist für manche Menschen ein langer Weg, bis sie wach werden.

D. Was will ich denn erreichen?

H. Vielleicht solltest Du besser fragen: Wozu will ich einladen? Ich möchte Begegnung zwischen uns ermöglichen. Der unter meine Hand einschwingende Atem zeigt mir, dass die Behandelte die Hand fühlt und auf sie reagiert, ihre Empfindung dorthin lenkt. Es ist wie ein erster Schritt. Gelingt es mir nicht, die Antwort zu locken, kann ich leicht in Not kommen und mich fragen: „Kann ich es vielleicht doch nicht,

bin ich nicht fähig dazu?“ Und schon mischt sich das Ich ein, das den Erfolg braucht. Da kommt die Ungeduld, die Trennung, und dann gelingt nichts mehr: Ich „mache rum“, das heißt, ich manipuliere.
Wenn aber eine Antwort auf meine Hand und meine Berührung kommt, zeigt sie mir, dass der Mensch sich einlässt auf mein Angebot, das zu ihm sagt: „Ich bin da, wo bist Du?“ Ob und wie er es tut, zeigt mir die Schwingung seines Atems unter meinen Händen.

D. Aber auch wenn keine Antwort kommt, atmet er doch in jedem Fall.

H. Ja, aber er ist allein und ich bin allein.

D. Du spürst also, ob die Achtsamkeit da ist?

H. Ich spüre das an der Schwingung des Atems unter meinen Händen. Wenn Achtsamkeit und Hinwendung nicht da sind, ist der Atem nicht wesentlich. Die Qualität des Atems ändert sich in dem Moment, in dem ein Mensch sich lauschend und wach unter deinen Händen einlässt. Dann kann eine wirkliche Atembehandlung beginnen.
Das geschieht manchmal ganz plötzlich und unerwartet. Der Atem kommt aus einer größeren Tiefe. Er wird essentieller. Es ist sehr spannend. Du spürst, ja, da ist es, da bist du. Es ist, wie wenn plötzlich ein Licht aufscheint. Wenn das geschieht, weiß ich, jetzt beginnt der Weg, der Weg des Menschen zu sich selbst. Der Mensch wurde getroffen. Das hat beinahe etwas Heiliges und zutiefst Echtes.

D. Mir kommt es beim Behandeln so vor, als ob sich auf einmal die Intensität meines eigenen Daseins verändere, wenn bei dem Behandelten dieses Getroffen-Sein geschieht.

H. Das freut mich, dass Du das auch so empfindest. Das sind Glücksmomente. Ich empfinde das auch wie eine Geburt. Jetzt ist etwas geboren und das wird leben. Ich sage dann manchmal: „Ja, jetzt können wir beginnen zu arbeiten. Jetzt beginnt die Arbeit.“ Und dann fragt jemand vielleicht: „Wie kommst Du eigentlich darauf, jetzt beginnt die Arbeit? Ich arbeite doch schon so lange mit Dir?“ „Ja, das waren alles Vorspiele, aber jetzt beginnt die Arbeit.“

D. Und was ist die Arbeit dann, nachdem sie begonnen hat?

H. Vielleicht den Funken, der gezündet hat, auszubreiten zum Licht hin. Es heißt dann, dran zu bleiben, immer wieder neu zu beginnen, auf dem Weg zu bleiben. Jeder kleine Schritt auf diesem Behandlungsweg lässt uns weitergehen im Vertrauen.

D. Woran siehst Du, was jemand braucht?

H. An seinem Körperbau, an seinem Körperzustand, am Gesichtsausdruck, an seiner Ausstrahlung. Du siehst und spürst den Atem und kannst dich dementsprechend für eine anregende, stärkende, haltende Arbeit entscheiden oder für eine Spannung lösende und befreiende. Hier hilft dir dein Wissen um die Möglichkeiten der Arbeit.
Ich war heute auch in Vorbereitung auf unser Gespräch bei einer Behandlung besonders lauschend und forschend in dem, was ich tat. Die Hände arbeiten ja nicht nach einem technischen Schema und folgen keinem festgelegten Ablauf. Sie sind wie Vollzugsorgane meines angesammelten Wissens und meines aktuellen Spürens, aus denen ihr Tun entsteht. Sie lassen sich leiten von allem, was sich im Moment in der Berührung zeigt, natürlich vor allem vom Atem. Was sagen die Hände? Sie fragen. Und sie wirken durch ihre Weise des Da-Seins. Was fordert der Moment? Welche der vielen, vielen Möglichkeiten nehmen sie, um zu wirken? Wenn der ganze Mensch „behandelt", wird das Gespräch im Atem zwischen ihm und dem Behandelten in der rechten Weise fließen. Was geschehen soll, kann geschehen.

D. Neulich hatte ich eine Patientin mit einer ganz großen Lebensscheu und einem niedrigen Selbstwertgefühl, die gleichzeitig hoch sensibel ist. Sie war bei mir in der Gruppe und ich schlug ihr vor, sie könnte doch mal in eine Behandlung zu mir kommen, ich würde sie gerne mal berühren, um mehr zu spüren, was bei ihr los ist. Sie lag dann da und war ganz durchlässig. Der Atem kam überall hin, überall war alles offen und trotzdem war die Frau nicht da. Das war verwirrend.

H. Und was hast Du Dir gedacht ?

D. Ich war erst mal verblüfft, natürlich. Aber es passte zu meinem Eindruck von ihr. Ich habe dann vor allem sehr an den Füßen gearbeitet. Sie hat mir später erzählt, dass sie die ganze Zeit in Bildern lebt und zwar sieht sie sich fliegen. Sie fliegt über die Erde und sieht irgendetwas und landet dann dort. Wenn Menschen ihr etwas erzählen, dann sieht sie das als Bild oder Film, landet darin und fühlt sich dann dort anwesend. So lebt sie die ganze Zeit.
Ich erzähle das, um zu zeigen, dass da von der Körperstruktur her überhaupt nichts war, wo es Widerstand gab und sie es wahrscheinlich braucht, dass man sie in den Körper hineinholt.

H. Mit Sicherheit, sie braucht Grenzen, sie braucht die Körperwände. Du kannst ihr zeigen, hier sind deine Körperwände: Spüre dich im Atem innerhalb dieser Wände. Wende dich nach innen, spüre ihren Widerstand und lasse deine Kraft an ihm wachsen. Diese Frau braucht Tiefe. Führe sie in ihre Leibtiefe, aus der Luft in das Erdige in ihr.

Berührungs-Qualität und -Weise

D. Kannst Du etwas über die Art der Berührung beim Behandeln sagen? Über Berührungsqualitäten und wie sie wirken.

H. Zum Beispiel bei einem Menschen, wie Du ihn gerade beschrieben hast, muss die Berührung klar und eindeutig sein und manchmal vielleicht sogar eine gewisse Strenge haben. Das wird von einem Patienten dieser Art als wohltuend empfunden. Dabei muss die Strenge immer die Wärme des Begegnens in sich tragen und in das Miteinander-Sein eingebunden werden.
Die Art und Weise der Berührung wird sich immer ausrichten nach den Botschaften, die der liegende, zur Behandlung bereite Mensch nonverbal übermittelt. Darum ist es eine absolute Bedingung, dass der Behandler selbst mit der Berührung vertraut ist, sich berühren lassen kann und dadurch die große Palette von Berührungsmöglichkeiten von seinen Sinnen her kennt.
Vielleicht sollte man differenzieren zwischen Berührungsqualität und Berührungsweisen. Erst, wenn Du als Behandelnder ganz im Anschluss an Deine Hände bist, kannst Du von Berührungs-Qualität sprechen. Wenn jede Berührung ganz aus Dir kommt, dann ist sie niemals gleich und in ihrer Qualität jeweils einmalig.
Die Palette der Berührungsmöglichkeiten ist ganz unterschiedlich: Etwa Berührung von größter Zartheit und Feinheit, ein Tun voller Stille und Ruhe, oder deutlichere Akzente im Druck und eine klare Sprache der Hände, oder auch fester Halt mit mehr punktueller Forderung, auch breitflächige Ausstreichungen mit warmen, liebevollen Händen und vieles mehr.
Wenn die Hände gelernt haben, zu fühlen, können sie sich im Berühren von dem Gespür für das Notwendige leiten lassen. Der Körper und die Atemschwingung zeigen ihnen, was sein soll und muss.

Ein Weg zum Selbst

D. Kommen wir noch mal zurück zu dem Wesentlichen. Du sagst, es geht darum, zu sich selbst zu kommen. Aber ich könnte sagen, die Bilder sind ja auch mein Selbst oder die Probleme, die ich jetzt gerade habe und über die ich in der Behandlung nachdenke, das ist ja auch mein Selbst. Was für ein Selbst ist das, zu dem der Atem dich führt?

H. Auf dem Atemweg zu dir selbst gehst du vielleicht durch Stufen und Phasen des Abgleitens in Träume und Fantasien. Ängste, Bilder und Schmerzen tauchen auf. Alle haben natürlich etwas mit dir zu tun.

Wenn du im Atem durch sie hindurchzugehen gelernt hast, kannst du sie hinter dir lassen und mehr in eine innere Bewusstseinswelt eindringen, die davon frei ist. Bedingungen, äußere wie innere fallen ab, weil du in diesem Zustand nichts mehr von Bedingungen weißt. Da taucht ein Geschmack auf von Sein, von einer Gleich-Gültigkeit von Leben und Sterben. Friede ist da. Du bist in Deinem Selbst angekommen. Dies zeigt sich im Erleben von tiefem, fraglosen Einverstandensein, dem Erleben eines grundlegenden Jas.

D. Das ist ganz ähnlich dem Raum, den man auch durch andere Meditationsansätze berührt. Würdest Du sagen, dass da trotzdem ein grundlegender Unterschied ist oder ist es letztlich egal? Zum Beispiel der Unterschied zwischen dem Zen-Weg und dem Atemweg?

Zen-Weg, Atemweg

H. In der Zen-Schulung gibst du dich in eine vorgegebene, durch Jahrtausende geprägte und bewährte Form. Du gibst dich bedingungslos in sie hinein. Sie wurde immer wieder und neu von Menschen vertieft und gesichert. So zumindest kann ich es sehen.
Mein Wissen um das Zen ist begrenzt, obwohl mich eine jahrzehntelange Freundschaft mit einer Frau verband, die die erste autorisierte Zen-Meisterin in Deutschland war: Brigitte D'Ortschy, mit dem Zen-Namen Koun-An Roshi[14]. Wir lernten uns als Studentinnen in den Nachkriegsjahren bei Dr. Schmitt kennen und befreundeten uns.
Als sie viel später, nach langen Jahren in Japan, in München ihr Zendo gründete, durfte ich bei ihrer „Inthronisation" durch ihren letzten Meister Yamada Kyozo Roshi dabei sein. Ich saß ungefähr ein Jahr bei ihr auf dem Kissen. Doch da ich damals in meiner großen Praxis schon sehr im Forschen über den Umgang mit dem Atem war und erkannte, dass ich da weitergehen musste, hörte ich mit dem regelmäßigen Sitzen auf. Wir blieben Freundinnen bis zu Koun-An's Tod.
Vielleicht sollte ich erwähnen, dass Brigitte D'Ortschy langjährige Patientin von Dr. Schmitt war. Für sie war das eine sehr wichtige Zeit für ihr Körpererleben, wie für die geistige Orientierung. Später, schon tief im Zen, sagte sie mal zu mir: „Ich habe manche Meister getroffen, vor allem in Japan, und doch, Schmitt war für mich der Größte, weil er mich erst auf den spirituellen Weg gesetzt hat."
Im Atemweg hast du also nicht diese Form wie im Zen. Du machst dich auf die Suche nach dir, mit Hilfe der Schwingung deines Atems. Du erlöst deinen Atem aus dem Unbewussten in eine nächste Be-

14 Brigitte D'Ortschy – Koun-An Roshi, 1921–1990, Zen-Meisterin mit Zendo in München, Städteplanerin und Schriftstellerin

wusstseinsstufe. Angeregt durch die östliche Atemkultur wurde in der westlichen Welt dem Atem immer größere Bedeutung zugemessen. So entwickelten sich allmählich westliche Wege der Atempflege.
Im Ziel ist kein Unterschied, aber die Wege sind anders. Es geht vielleicht darum, dass du auf dem Weg bleibst, wenn du ihn für dich richtig gefunden hast, diesem Weg treu bleibst. Dann trägt er dich weiter, hin zu dir selbst.
Ich selbst empfinde den Atemweg freier, liebevoller, offener. Seit über 50 Jahren bin ich auf diesem Weg und erlebe mich in einem immer Weitergetragen-Werden. – – –

D. Du sprichst von dem fraglosen Ja. – Gilt das auch für den Bereich der Persönlichkeit oder besser des Egos, oder stehen diese dem Ja im Weg? Ich habe einen Ausspruch von Hui-neng[15] mitgebracht, den Dr. Schmitt in seinem Vortrag „Welt des Atems“ auf dem ersten AFA-Kongress 1959 in Freudenstadt zitiert hat: „Den Geist von den Nebenerscheinungen der Individualisierung freihalten ist die Aufgabe der Atmung im Geistigen.“ Was heißt das? Könnte er damit den „großen Atem“ der östlichen Lehren meinen, der niemandem angehört und alles umfasst?

H. In der Atembehandlung oder auch in der Übung kann es geschehen, dass eine Unschuld auftaucht, eine Reinheit und Schönheit, von der der Mensch meist nicht „weiß“. Das ist wie ein Emportauchen aus dem Grund des Wesens. – Das sind Sternmomente. – Aber etwas in uns wird sie nicht vergessen und da wächst aus einem Samen langsam eine Pflanze, eine Frucht. Hier erlebt sich der Mensch in einer anderen Dimension, in einer Erfahrung von Einheit, die ihn mit allen und Allem verbindet. Er ist aus seiner Ego- oder Persönlichkeitsebene weit hinausgetragen worden. Das ist ein mystisches Erlebnis.

D. Hast Du das Gefühl, dass die Menschen dann weniger Probleme im Leben haben? Also diejenigen, die diesen Weg gegangen sind. Du kennst ja viele?

H. Weniger? Ich weiß es nicht.
Ich glaube, Probleme sind Teil unseres Lebens, solange wir nicht dahin gelangt sind, in dem vorher beschriebenen Raum des reinen Seins zu verbleiben, in dem wir aufgehoben sind. Die Entwicklung zu unserem wahren Wesen hin ist ein langer Prozess.

15 Hui-neng, 638–713, Begründer der „südlichen Zen-Schule“

Ich frage Dich, Dieter, noch etwas. Sind nicht alle Probleme, mit denen wir konfrontiert sind, Angebote, uns zu entwickeln an ihnen, an der Herausforderung, die sie für uns bedeuten? Wenn wir sie annehmen, sind sie meist große Geschenke. Sie lehren uns, durch unsere Enge, unser Ego, unsere Persönlichkeit hindurchzugehen, – uns zu erkennen, wenn wir sie annehmen. Und damit das Tor zu öffnen zur Veränderung, zur Verwandlung.
Im Umgang mit unseren Problemen zeigt sich unsere Reife, und diese ist ein Zeugnis unserer leib-seelisch-geistigen Verbundenheit.

Verbindung mit anderen Methoden

D. Meine Frage, auch aus meinem eigenen Weg heraus, ist, ob man noch eine zusätzliche Brücke dazu nehmen könnte? Ist es für unsere menschlichen Probleme ausreichend, dass jemand zu seinem Atem findet und dadurch in seine Seins- und Wesensschwingung? Kommt alles Weitere von dort?
Oder ist es so, wie ich es eher sehe, dass wir in unseren Programmen so verhaftet sind, dass die Welt der Konditionierung fast eine eigene Welt ist und unser Verhalten stark bestimmt? Es gibt also diese Ich-Welt und daneben die unmittelbare Wesens- und Seinswelt, die mit dem Körper und dem Atem viel mehr verbunden ist. Wir leben sozusagen ständig in zwei ganz unterschiedlichen Wirklichkeiten.
Wenn aus dem Atem die Basis und das Vertrauen wachsen, wirklich im eigenen Wesen sein zu können, wäre es dann nicht gut, noch etwas dazu zu nehmen, das das andere, nämlich die Ich-Konditionierung, bewusst macht und dadurch in ihrer Wirksamkeit im Alltag relativiert ?
Ich denke, es ist dabei ein Unterschied, ob es sozusagen klassische psychotherapeutische Arbeit ist, die natürlich auch ihren Platz hat, oder ein Ansatz, der zum Sich-Klarwerden über Bewusstseinsprozesse führt.[16]

H. Wer lange mit dem Atem arbeitet, weiß, dass viele Menschen diesen Weg nicht durchgehen werden oder können. Sie werden andere, meist kognitive Lösungen suchen und hoffentlich finden. Wer so lange mit dem Atem arbeitet, hat aber auch erlebt, dass es Menschen gibt, die diesen Weg der Stille und des Wachsens an der Befreiung im Atem gehen und sich zu sich selbst hin verwandeln nur mit Hilfe der bewirkenden Kraft des Atems. Es ist letztendlich die Entscheidung eines Therapeuten, wie er arbeiten will oder muss.
Wie gut ist es, Therapieformen zu mischen? Die Antwort kann nur eine sehr individuelle sein. Sie kommt aus der Begabung, der Zielrich-

16 Vgl. Dieter Mittelsten Scheid, „Heimkehr aus der Fremde auf den Wegen des Atems“, S. 125–138 in: „Atemwelten“, hg. von Herta Richter, Wiesbaden 2005

tung, der Bildung, der Reife und dem Wesen eines Therapeuten. Mit verschiedenen Methoden zu arbeiten, kann eine Bereicherung sein angesichts der großen Vielfalt von Menschen, die zu uns kommen. Nicht festgefahren sein, den Moment erkennen, in dem vielleicht ein anderes Instrument gebraucht wird zur Entwicklung oder Heilung des Menschen, achtsam mit der Wahl zu sein – darum geht es.

Je tiefer ich allerdings eingedrungen bin in die Arbeit mit dem Atem, desto tiefer und weitreichender und damit bewirkender werde ich ihn einsetzen können. Oft bedarf es dann keiner anderen Therapie. Das hängt allerdings sehr vom Durchdrungensein des Therapeuten ab.

Ich für mich habe gelernt, nicht darauf zu beharren, dass nur das eine richtig ist und anderes nicht sein darf. Es geht um die Fähigkeit der Differenzierung und um die Durchdringung.

Tu deinem Leib etwas Gutes,
damit die Seele Lust hat,
darin zu leben!

Theresa von Avila

Drittes Gespräch

Die Atembehandlung

D. Ich dachte, wir reden weiter über die Atem-Einzelbehandlung, über die wir das letzte Mal schon etwas gesprochen haben.

H. Was ist eine Atembehandlung? Sie ist für mich das Kernstück der ganzen Atemtherapie, die Begegnung zweier Menschen, in der der eine auf einer Behandlungs-Bank liegt und der andere ihn, neben ihm sitzend, mit seinen Händen berührt. Das ist die äußere Situation. Von innen her gesehen gibt der Behandler ein Angebot zur Begegnung über die Berührung, eine wortlose Einladung zu einem Weg und einem „Gespräch“ miteinander.

D. Was ist der Unterschied, wenn ich es zum Beispiel mit Feldenkrais-Behandlungen vergleiche? Da liegt auch ein bekleideter Mensch vor mir und ich fasse ihn auch mit meinen Händen an und bewege ihn. Dennoch liegt das Augenmerk bei der Feldenkrais-Arbeit mindestens eben so sehr auf dem Funktionalen wie auf der Empfindungsebene. Wesentlich ist auch ein Umlernen von konditionierten Bahnungsvorgängen im Gehirn. Wie siehst Du den Hauptunterschied?

H. Die Verbindung zwischen Empfindungsebene und Funktionalem haben sie gemeinsam. Ich habe nicht die Erfahrung in der Feldenkrais-Behandlung wie Du. Mir scheint, es geht da um die Funktion der Bewegung, um ihre Bewusstheit und um die Beweglichkeit. Auch bei uns geht es zuerst mal um die Funktion der Atmung. Wobei zu bedenken ist, dass die befreite Beweglichkeit ein besseres Atemspiel bringt, aber auch der befreite Atem die Beweglichkeit verbessert.
Also zwei Zugänge mit ähnlichen Resultaten. Den Unterschied sehe ich in der Grundintention und der Zielrichtung. Auch in der Atemarbeit geht es um das Ordnen der Funktionen und um das Verstehen von Zusammenhängen. Und auch für uns ist eine gute Distanz wichtig, mit der Fähigkeit nüchtern wahrzunehmen, wie ich sie bei der Feldenkrais-Arbeit sehe. Da aber unsere Arbeit darüber hinaus auf die nicht sichtbare Ebene des Anschlusses nach innen zielt, ist es mindestens ebenso notwendig, die Vorstellung, was geschehen müsste, aufzugeben und sich vertrauensvoll der Führung des Atems zu überlassen. Es kommt also eine andere Instanz hinzu. Nicht mehr: „Ich tue das, ich tue es gut und dann bringt es mir Gewinn“, sondern „Ich vertraue mich an und folge dem Gesetz des Atems“. Das ist ge-

bunden an eine wache Klarheit. Es geht darum, über eine Befreiung des Atems dazu einzuladen, sich dem Fluss des Seins anzuvertrauen.

Natürlicher Atem und Atemfunktion

D. Wenn Du sagst, der Atem ist auch eine Funktion und es geht auch darum, die Funktion sozusagen in ihrer Natürlichkeit wieder herzustellen, kommt die Frage, was ist denn ihre Natürlichkeit und was geschieht mit ihr? Wieso ist sie nicht mehr da, wo wir doch immer atmen? Ich denke, da müssen wir einfach mehr über den Atem reden.

H. Natürlich, wir brauchen bloß anzuschauen, wie ein Leben ablaufen kann. Wie früh ein kleines Kind schon aus seinem ungestörten Noch-Geborgen-Sein in der Einheit herausgerissen werden kann und wie dadurch die sensibelste bewusste Funktion, die deshalb auch die störbarste ist, nämlich die des Atems, bedroht ist.

D. Vielleicht können wir da tiefer hinein leuchten. Wir gehen also davon aus, dass es so etwas gibt wie einen natürlichen Atem. Was und wie ist dieser?

H. Er ist das Lebendige an sich. Er schwingt im Leib eines Menschen nach dessen Wesen. Er ist reaktionsfähig, wandelbar und kann sich den Gegebenheiten des Moments anpassen. Der natürliche Atem begleitet in feinster Anschmiegung mit immer neuen Formen, Rhythmen, Abwandlungen jeden körperlichen Lebensvorgang, jede äußere Bewegung, jeden sinnlichen Eindruck, jede seelische Regung, jedes Gefühl und jeden Gedanken. Alles bewegt den Atem, wie der Wind die Gräser bewegt. Alles empfundene Leibliche, alles lebendige Seelische spielt auf der Schwingung des Atems.

D. Es liegt also in der Natur des Vegetativen, dass es reagiert. Wenn ein Säugling im Bett liegt und es kommt zum Beispiel ein Gewitter oder plötzlich knallt eine Tür, da wird der Atem reagieren.

H. Ja, und auch der erwachsene Mensch wird darauf reagieren, das ist natürlich und es ist auch gesund. Das Umfassen und Ausbalancieren von Gegensätzen, auch Reizen, ist Atemkunst und Atemspiel. Werden allerdings Schwellenwerte überschritten und nicht abgefangen, wird es gefährlich. Der Atem schwingt nicht mehr zurück. Der Mensch wird krank.

D. Und wie könnte zum Beispiel so eine Störung im Atem aussehen?

H. „Das Zwerchfell ist nicht mehr fröhlich“, so sagte Schmitt. Stattdessen verängstigt und festgehalten. Der Atem fällt aus seinem Rhythmus, der

Mensch verliert seine Elastizität, mit der Zeit wird er müde, schwach, nervös, gereizt.

D. Nun hat der Atem also zunächst eine physiologische Funktion, aber der Atem ist ja offensichtlich noch mehr. Er ist nicht wie ein Muskel oder das Blut, sondern er hat auch etwas Unmaterielles.

H. Zu bedenken ist ja, dass die Atmung zwar eine vegetative Funktion ist, aber gleichzeitig vom Willen des Menschen erreicht wird, veränderbar, ja auch manipulierbar ist. Und wie wir schon längst gesehen haben, völlig ansprechbar und wandelbar durch die Empfindungsfähigkeit des Menschen. Also drei wichtige Funktionen: Das vegetative Geschehen im Unbewussten, die Ebene des Ich mit seinem Willen und die Ebene der Empfindung, von Seele und Geist. Zuerst das Unbewusste, dann der Wille, der den Atem so oder so verändern kann, anders haben will, ihn trainiert. Doch erst das Erwachen der Empfindungsfähigkeit wirkt wie ein Befreien der Atemschwingung, dieses luftigen Elementes in uns. Wir lassen uns von ihr durchdringen und erleben uns in einem Gesamtschwingungszustand, das heißt als lebendige Wesen. Das ist Atemerlebnis. Der Körper wird ein Instrument.

D. Dabei ist das Instrument nicht die Musik, aber es ermöglicht sie.

H. Ja, das Instrument dient der Musik in uns.

Das Eigene im Atem

D. Dies führt mich nochmals zu einer wichtigen Frage, die wir schon vorher berührt haben. Du sprichst ja oft davon, dass jemand zu seinem eigenen Atem kommt, dem ihm entsprechenden. Wenn ich versuche, diesem Eigenen nachzuspüren, erscheint es mir so, dass es dabei um die Erfahrung einer Verbindung des persönlichen Daseins mit dem Ganzen geht und damit über den Atem auch um ein Eintauchen in das Universelle. Siehst Du das auch so, und was ist dann die Verbindung zwischen dem Eigenen und dem Universellen?

H. Das ist eine interessante Frage. Wenn ich vorher vom Atem sprach, der uns durchströmt, vielleicht wie ein kosmischer Strom, dann ist das ja nicht etwas Eigenes, sondern ein Geschenk. Es fließt durch mich und ich bin das Instrument. Du bist ein anderes Instrument, und so wird sich das große Geschenk in unendlicher Vielfalt durch die unendliche Anzahl von menschlichen Instrumenten zeigen, schwingen und in ihnen tönen. Und jedes wird in seiner eigensten Weise, nach seinen eigensten Gegebenheiten deutlich und klingen.

Da denke ich an Goethe, wo er sagt: „So musst Du sein, Dir kannst Du nicht entfliehen ...“[17]. Und Seneca[18]: „Alterius non sit, qui suus esse potest“.
Solange ich die Melodie eines anderen singe, werde ich meine eigene nicht ganz befreien können, vielleicht wenig von ihr wissen.

D. Das heißt also auch, dass du als Behandlerin in deinem Eigenen zu Hause sein musst?

H. Damit du den anderen einladen kannst, in sein Eigenes zu kommen.

D. Vielleicht lauschen wir diesem „Eigenen“ noch mehr nach.

H. Um das Eigene zu erkennen, ist es nötig, in bewussten Kontakt zu kommen mit der natürlichen Qualität oder Art des Körpers, in dem großen Atem zu schwingen. Es geht um die Verbindung zwischen der Physis und dem Geistigen. Wir haben ja gesagt, jeder Körper hat eine ganz einzigartige Möglichkeit, zu klingen.

D. Mich interessiert, wie der Weg ist von dem willkürlichen Ich-Atem zum Entdecken, was ist mein eigener, – eigentlich kann man gar nicht sagen, „mein eigener“ –, sondern was ist der ureigene Atem dieses Wesens, dieses Organismus?

H. Der Weg führt über die Hingabe, über das Abgeben der Kontrolle. Da betrachte ich den Atem nicht mehr als eine Eigenschaft von mir, sondern erlebe mich eher in ihm. – – –

D. Was sind wesentliche Hindernisse für die Hingabe an diese Erfahrung?

H. Die Hindernisse kommen aus dem Ego und seinen Ängsten, seinem Wollen und Müssen. Aus allem, was wir mit Ego benennen, und da setzt die Arbeit der Behandlung an, denn all das wird unter unseren behandelnden Händen spürbar.

D. Was verstehst Du unter dem „großen Atem“?

H. Der „Odem“, das Lebendige an sich. Es wird mir an diesem Punkt noch deutlicher, was es wirklich heißt, mit dem Atem zu arbeiten.

---

17 Goethe, Urworte. Dämon

18 Lucius Annaeus Seneca, römischer Philosoph, 4 v. Chr.–65 n. Ch.

D. Dabei spüre ich nach und nach, wie ich als Person begrenzt bin und wie sehr mich diese Begrenzung an der Hingabe hindern kann; der Hingabe an den wie Du sagst „großen Atem“, an das große Zuhause. Bedeutet das nicht eigentlich, dass in der Behandlung eine Konfrontation mit dem Ich stattfindet?

H. Ja.

D. Irgendwann kommt es an einen Punkt, wo das Ich mit einem Fragezeichen versehen wird?

H. Ich erinnere an unser erstes Gespräch über das Behandeln. Im Zustand der Hingabe an den Moment erfährst Du Deine innerste Tiefe, in der das Ich verschwindet. Dann *bist* Du. Du tauchst ein in eine andere Dimension. Du bist, ja, zu Hause.
Das Ich hat einen Grund bekommen, einen tragenden Grund. Ein Wissen um die andere Dimension des Seins, aus der allein es wirklich „Mensch“ werden kann.
Wenn das als ein inneres Wissen erfahren worden ist, wird der Zugang zur Behandlung ein neuer werden: Aus der eigenen Seinstiefe in die Seinstiefe des Menschen, der um Behandlung bittet.

Arbeit an der Atemfunktion

D. Gehen wir wieder einen Schritt zurück. Zunächst geht es ja erst einmal darum, dass der Atem bewusst wird und sich entfalten kann, dass die verschiedenen Körperräume empfunden werden. Oder auch, dass wieder Spannung oder Kraft kommt. Ist da deshalb erst einmal eine größere Zielorientierung in der Arbeit?

H. Ja, um die natürliche Funktion wieder herzustellen. Ganz ähnlich, nur mit einem anderen Medium, als ob du in der Feldenkrais-Arbeit ein Gelenk wieder in seine Funktion bringst, denn dadurch bringst du ja diesen Menschen auch wieder in größere Freiheit. Das sind Ähnlichkeiten. Aber gleichzeitig ist immer die Ganzheit des Menschen angesprochen. So kann sich auch in ersten Behandlungen schon eine tiefere Ebene der Erfahrung eröffnen.

D. Arbeitest Du also auch am Anatomischen?

H. Ja, unbedingt. Es ist so wie das Stimmen eines Instruments. Ein verstimmtes Instrument hat nicht seinen eigenen Klang. In der Atem-Massage bist du natürlich viel deutlicher konfrontiert mit dem Körper und richtest dadurch den Blick näher auf anatomische Gegebenheiten. Im Behandeln der bekleideten Patienten gibt der freie oder verhinderte

Atemfluss Hinweise über körperliche Bedingtheiten. So zeigt sich der Behandlungsweg.

Die Atemräume

D. Kannst Du in dem Zusammenhang etwas über die so genannten Atemräume sagen, ihre Qualitäten und wie sie in der Behandlung bewusst werden.

H. Natürlich werden in der Behandlung Atemräume bewusst gemacht. So wird zum Beispiel ein unbewusster Bauch-Beckenraum durch Arbeit am Kreuzbein, den Beckenkämmen, vom Gesäß und auch den Oberschenkeln her, durch Öffnung der Leistentore und eine Verankerung im Hara-Bereich lebendig und bewusst.
Dann der Mittenraum. Er ist Brücke zwischen unterem und oberem Atemraum. Er wird bewusst durch Arbeit an den Flanken, dem Übergang von Lenden- und Brustwirbelsäule, den Nieren und am Oberbauch. Der Atemfluss wird dadurch eingeladen, hier Raum zu nehmen. Es entwickelt sich nach und nach ein Bewusstsein für die eigene Mitte.
Der obere Atemraum, der Herz-Lungenraum, wird beispielsweise deutlich durch eine Unterstützung der Rippenbewegungen, durch Arbeit am oberen Rücken in Bauchlage oder an den Schulterkuppen in Rückenlage. Oft ruft ein sachtes Berühren des Brustbeins starke Reaktionen hervor. Es gilt, sehr liebevoll und achtsam mit diesem Bereich umzugehen, weil dort oft tiefe Schmerzen und Gefühle festgehalten sind. Auch ein Halten und Heben der Schultern in Rückenlage kann den Atem deutlich in den oberen Raum rufen und zu einer Lösung dort führen.

D. Kannst Du noch mehr über die Qualitäten und Eigenheiten dieser Leib- oder Atemräume sprechen? Das ist ja ein wesentlicher Teil der Bewusstwerdung in der Atemarbeit, diese zu entdecken und in ihnen beheimatet zu sein.

H. Ja, das ist wichtig. – Beginnen wir mit der Basis, dem Basisraum. Wenn Zwerchfell und Bauchmuskulatur zusammenspielen in ihrer Schwingung, ist der Bauch lebendig. In der Tiefe des Beckenraumes findet sich die Quelle der Atembewegung. Hier ist der Raum des Geschlechts und des animalischen, ganz irdischen Lebens. Der Raum des „Sein-Dürfens", der schöpferische Raum. Zwischen Nabel und Schambein ist das Zentrum des Bauches und hier ist die tiefste Haltekraft lebendig, nicht nur körperlich, sondern auch seelisch-geistig. Es ist die Kraft, die uns standhaft sein lässt, die uns unsere Entscheidungen „aus dem Bauch heraus" fällen lässt.

Kommen wir zur Mitte: Auffallend ist hier der frei schwingende Bereich, ohne knöchernen Halt und knöcherne Hinderung. Wir sind im Bereich des Zwerchfells. Es braucht Freiraum und gleichzeitig elastischen Halt durch die Muskulatur. Wesentlich ist seine innige, nahe Verbindung zum Sonnengeflecht, dem Zentrum des vegetativen Nervensystems. Die Nieren im Rücken und die Organe im Oberbauch sind alle in ihrer Funktion abhängig von einem lebendigen, schwingenden Zwerchfell. Mit all dem wird deutlich, dass wir hier schon in einem viel freieren und persönlicheren Raum des Menschen sind.
Der Brustraum schließlich ist geprägt durch das Herz und die Lungen, die Organe des Kreislaufs und des Atmens. Das Herz ist das Organ des Gefühls und gleichzeitig ist der Brustraum der Ort, in dem sich das Wollen, das Müssen, das Sich-Zeigen und das Kämpfen abspielen. Gefühl und Ich-Austragung treffen hier zusammen. Das ist oft sehr unbekömmlich für ein freies Atemspiel.
Ein Raum ist aber immer auf alle anderen angewiesen und der Atem kann nur durch ein Zusammenspiel frei werden. Der Arbeitsweg deutet sich hierin an.

D. Du sagtest vorher, dass dieser Behandlungsweg zunächst wie das Stimmen eines Instrumentes ist. Woran merkst Du dann, dass es auf einmal anfängt zu klingen, das Körper-Instrument?

H. Das ist schwer zu beschreiben. Es wahrzunehmen, ist eine große Freude. Das Instrument ist gestimmt, der innere Mensch scheint durch und fängt an zu klingen. Davor ist manchmal ein besonderer Moment. Veening sagte da manchmal in der Behandlung abrupt: „Da, da müssen Sie bleiben, da schauen Sie hin“. Eine andere Präsenz, eine größere Tiefe bereitet sich vor.

D. Wenn man es gar nicht kennt, ist es schwer, das nachzuvollziehen.

H. Da war zunächst das Ordnen der Atemfunktion, allerdings nie nur als eine funktionale Arbeit, sondern immer mit der Frage nach dem Menschen im Hintergrund. Und dann auf einmal zeigt sich unter oder über der Funktion der ganze Mensch, das atmende Wesen, der Klang im Instrument. Die wieder hergestellte Funktion bringt dieses Wesen zum Klingen. Der funktionierende Ein-Aus-Atem tritt mehr in den Hintergrund, der Atem wird meist kleiner und in mehr Tiefe zurückgenommen. Die Atemphasen verbinden sich so innig, dass es keine Rolle mehr spielt, ob du ein- oder ausatmest, das geschieht. Da kann ein Erleben kommen, wie wenn etwas in dir stirbt. Du erlebst Wandlung. Das hindernde Ich, das sich oft trennend einmischt, tritt für eine Weile zurück.

Lauschen in Achtsamkeit

D. Dieser Moment der Qualitätsverwandlung, wie Du ihn beschreibst, ist ja wie ein Innehalten, und dann erblüht etwas neu. Dafür ist es sicherlich notwendig, dass die Behandlerin und natürlich auch die Behandelte sich in einem sehr achtsamen Zustand befinden. Es hat für mich viel mit Lauschen zu tun.

H. Es kann überhaupt erst geschehen, wenn dieser Zustand der Achtsamkeit und des Lauschens eingetreten ist. Es treffen sich zwei Achtsamkeiten und zwei Hingaben, und da geschieht es. Und in dem Moment wird das Lauschen noch tiefer.

D. Lauschen, wie lernt man das? Es ist ja offensichtlich ein ganz wesentlicher Aspekt der Behandlung, diese Achtsamkeit zu lernen.

H. Ja, das lernst du, wenn du dich mit deinem Atem verbindest. Du musst also nirgends hingehen, du musst nichts machen, du brauchst Dich bloß mit deinem Atem zu verbinden. Das ist ein Weg, eine Schulung.

D. Würdest Du sagen, dass es den meisten gelingt, das zu lernen?

H. Einmal hörte ich Schmitt sagen: „Der Atem ist so groß, jeder nimmt sich seinen Teil". Der eine nimmt sich bloß ein kleines Teilchen, aber er hat damit schon einen Gewinn. Der andere nimmt ihn ganz, weil etwas in ihm schon vorbereitet ist. Dazu fällt mir ein: „Der Weg ist das Ziel."

D. Wir können das vielleicht doch noch mal anschauen, was diesem Lauschen zugrunde liegt. Das ist ja eine Art von Verinnerlichung, ein in der Gegenwart ganz nach Innen gehen.

H. Ja, zu dem, was da schwingt.

D. „Zu dem, was da schwingt." Wenn man das jemandem sagt, so klingt das ja sehr verlockend und dennoch ist es so schwierig. Vielleicht fragen wir uns noch einmal, was die Schwierigkeit daran ist, beim Lauschen zu bleiben. Es wird uns bei der Atembehandlung ja leichter gemacht als beim Meditieren, weil die Hände und die Achtsamkeit des Behandlers uns ständig dazu einladen. Und doch scheint es uns nicht leicht zu fallen.
Heute zum Beispiel hatte ich eine äußerst sensible Patientin, die aber noch ganz am Anfang ist. Sie schwirrte in der Behandlung einfach überall herum, wo auch immer. Sie würde gerne dabei bleiben, kann es aber nicht. Mir kommt es so vor, als ob die körperliche Entspannung, – erst mal muss ich den Körper natürlich zum Entspannen einladen –, die Behandelten am Anfang dazu verleitet, wegzudriften.

H. Ja, sie schlafen ein oder es kommen tausend Bilder und Gedanken und sie springen dahin und dorthin. Das ist sehr hinderlich in der Atembehandlung, wie wir wissen. Die rettenden Anker hier sind Vertrauen und Geduld für beide, Behandler wie Behandelte, und die Sehnsucht, die vielleicht in einer tiefen Ahnung gründet.

D. Setzt Du bewusst irgendetwas ein, um die Lauschfähigkeit oder die so schwierige Fähigkeit zur Verbindung von Entspannung und Wachheit zu stärken?

H. Die Berührung der Hände lädt ein, zu lauschen und kann Entspannung bringen. Aber manchmal verspannt sich ein Patient auch bei der Berührung. Sie ist ungewohnt, sie stellt vielleicht eine Frage, sie macht vielleicht Angst. Die Berührung kann auch eine Über-Wachheit hervorrufen, eine hinderliche Art von Aufpassen. Also bis die rechte Wachheit und die rechte Lösung möglich sind oder werden, kann eine Zeit vergehen.
Du fragst, was ich konkret mache. Ich behandle.

D. Du spürst dabei zunächst den Atem in einer gewissen Verbindung mit Deinen Händen und dann spürst Du, jetzt ist er woanders.

H. Jetzt ist keine Atemberührung mehr da.

D. Der Mensch ist in Gedanken, das spürst Du sofort. Du sprichst ihn dann manchmal an, vielleicht nur leise den Namen.

H. Ich rufe auch durch eine deutlichere Sprache meiner Hände. Doch manchmal nützt auch das nichts. Hier braucht man Geduld. Dazu die Klarheit der Behandlerin und ihre Freiheit von Vorstellungen, was erreicht werden soll.

D. Redest Du über dieses Problem mit den Patienten?

H. Es ist wichtig, das bewusst zu machen, aber ohne Wertung. Es dauert bei manchen Menschen oft ziemlich lange, bis die Kraft der Anwesenheit in einem so stillen Geschehen wächst. Das ist ja etwas sehr Ungewohntes.

D. Ich habe jetzt zwei Patienten, die sagen öfter mit Bedauern: „Heute habe ich gar kein Bild gehabt.“ Sie sind enttäuscht, weil sie meinen, je mehr Bilder, desto besser.

H. Ich kenne das in vielen Variationen, die Störungen durch Bilder – sie können wie Angelhaken sein.

D. Könnte man auch versuchen, die Achtsamkeit systematisch zu schulen?

H. Aber die Übung des Atems *ist* ja die Übung der Achtsamkeit! Wie stellst Du Dir das systematisch vor? Die Gefahr wäre dabei, die Menschen ständig an der Kandare zu haben. Kann man sich so jemals fallen lassen? Ich halte nichts davon. Ich denke eher, dass jemand, dem die Kraft der Anwesenheit noch nicht zur Verfügung steht, durch zu große Anforderung noch mehr in Gefahr ist, wegzutreten.
Deine Anwesenheit und die einladende Kraft Deiner Hände wird die Patienten von selbst in die Sammlung rufen und in ihr halten, da bin ich ganz sicher. Und eines Tages ist ihre eigene Kraft im Atem so gewachsen, dass sie selbstverständlich da sind.

Atemphasen, Atemrhythmus

D. Sagst Du noch etwas zu dem Grundatemrhythmus von Einatmen, Ausatmen und Ruhepause? Vorhin hast Du gesagt, es gibt ein Erleben, wo sich diese Differenzierung mehr oder weniger auflöst. Wo sie nicht wichtig ist. Aber es gibt wahrscheinlich auch eine Wegstrecke, wo diese Differenzierung bewusst werden sollte?

H. Bleiben wir bei der Atembehandlung. Der Atemkreis umschließt Einatem, Ausatem und Pause. Sind diese drei Phasen untereinander ausgeglichen, ist der Mensch in seinem ungestörten Rhythmus. Das Leben pulsiert. Wir haben darüber gesprochen, dass ein gesundes Vegetativum es vermag, Störungen abzufedern, um dann wieder in den eigenen, ausgeglichenen Atemrhythmus zurück zu finden. Das ist ein Zeichen von Gesundheit. Die Menschen, die zu uns kommen, sind in der Regel schon nicht mehr in dieser glücklichen Situation.
Aber schauen wir die einzelnen Atemphasen an:

Der Einatem

Beginnen wir mit dem Einatem. Die Schülerin liegt in Rückenlage auf der Behandlungsbank. Meine Hände legen sich auf ihren Leib und fragen. Da sind verschiedene Möglichkeiten der Antwort. Vielleicht bleibt der Bauch ganz unbewegt, ab und zu kommt ein kurzer Atemzug durch den Brustkorb. Ich spüre keine Anwesenheit unter meinen Händen. – Oder es kann sein, da ist ein fester, harter Bauch und Abwehr kommt mir entgegen, der Atem kann nicht fließen. – Bei einem anderen Menschen wölbt sich der Bauch unter meinen Händen empor, ein großer Einatem füllt den Bauchraum. Die Umkehr in den Ausatem kann sich schwer vollziehen. – Und dann erleben wir jemanden, bei dem der Atem leicht und weich unter den Händen schwingt.

Schauen wir diese einzelnen Situationen noch mal an. – Zuerst findet meine Frage keine Antwort. Wird sie nicht gehört? Nicht verstanden? Werden meine Hände nicht gespürt? Oder wird die Antwort nicht gewagt? Das sind Gedanken, die auftauchen bei der Behandlerin. Es geht darum, in Ruhe und Geduld herauszufinden, was wirklich ist und in der Behandlung in der entsprechenden Weise damit umzugehen. – Nun kommt das andere: Meine Hände spüren Härte, ich darf nicht eindringen, der innere Raum ist verschlossen: „Noli me tangere! – Berühre mich nicht!" Ein Nein zum Angebot der Begegnung, eine Verweigerung. Es kann nichts fließen. Hier muss ich in aller Vorsicht suchen, wo ich angenommen werden kann, wo ich den Schlüssel zu diesem Menschen finde.

Dann wiederum erlebe ich genau das Gegenteil. Es kann sein, als ob der ganze Mensch sich in die Hände hineinstürzt. Ist es der Wille, so gut zu sein, so gut zu atmen, oder ist es die Sehnsucht, genommen zu werden, sich in den Händen bergen zu dürfen, vielleicht sich zu verlieren? Wie kann ich diesem Menschen zeigen, dass er weder so gut sein, so gut atmen muss, noch in seiner übergroßen Sehnsucht sich verlieren sollte?

Für alle drei Situationen gemeinsam gilt: Nicht gleich ändern wollen, sondern den Menschen so nehmen, wie er ist. Ihn zu achten, ihm zu lauschen in diesem Sosein, ihn erspüren, vielleicht ihn verstehen. – Damit er sich für eine Veränderung öffnen kann, muss er sich angenommen fühlen, so wie er ist.

Zu der letzten Situation: Da ist ein offener Mensch. Die Berührung wird von der Empfindungsfähigkeit aufgenommen und in natürlicher Weise kann der Atem ihr entsprechend antworten. Es kommt durch den lebendigen Atem zu einer Begegnung der beiden Menschen. – Hier zeigt sich, es geht nicht um ein besseres oder richtigeres Atmen, sondern um eine wache, reaktionsfähige Bereitschaft, dem Leben zu begegnen. So entwickelt sich der rechte Atem.

Der Ausatem

D. Reden wir über den Ausatem.

H. Auch da sind natürlich verschiedene Weisen: Da fällt zum Beispiel der Ausatem kraft- und spannungslos ab, er versackt. – Oder da hört man einen gepressten, sogar lauten Ausatem – oder einen stockenden. – Aber wir können auch zu unserer Freude einen Ausatem erleben, der weich in die Tiefe und durch sie hindurch fließt und ganz natürlich in den nächsten Einatem mündet.

Zum ersten möchte ich sagen, der Mensch lebt vielleicht ganz im Unbewussten. Die Spannung im Körper fehlt. Denken und Leib sind getrennt, ohne Verbindung. Man fragt sich, wurde dieses Leben je genommen? – Beim nächsten wiederum geht die Phase des Ausatems

durch Hindernisse, die überwunden werden müssen. – Oder aber ein Mensch ist im freien gelösten Fluss des Lebens, der Ausatem durchströmt ihn.
„Die Menschheit ist so atemlos, weil sie nicht mehr ausatmen kann“ sagt Graf Dürckheim[19]. Ausatmen können heißt ja, fließen lassen, sich dem Fluss anvertrauen, von sich ablassen, die festgehaltenen Bahnen des Egos öffnen in den Strom. Leer werden, in die Stille kommen, in das Nichts, – sterben. Das kann Angst machen, solange, bis man erfährt, dass erst danach das volle Leben sich schenkt.

D. Kannst Du noch etwas dazu sagen, wie Du den Ausatem begleitest und welche Impulse Du gibst?

H. Es geht viel um Begleiten. Ist der Ausatem zu schwach, gebe ich ihm Widerstand, dass er sich nicht so verlaufen kann, er bekommt einen dichteren Bewegungsraum und kann sich an Grenzen stärken. Das muss mit feinem Gespür geschehen. – Wird der Ausatem im Thorax zwischen Zwerchfell und Rippenkorb festgehalten, lösen kleine Vibrationen und Schüttelungen, aber auch Dehnungen, – alles, was ein zu fest gefügtes Gebäude in Frage stellt. Spielerisch muss das geschehen. Wer nicht ausatmen kann, kann auch nicht spielen.

D. Unterstützt Du das auch manchmal mit Worten?

H. Ja.

D. Also Du sprichst es an?

H. Ich muss spüren, es ist der richtige Moment zu sprechen. Ich habe eine große Scheu in dieser Hinsicht. Der Schüler ist in der Behandlung ja sehr ungeschützt. Aber wenn ein Therapeut achtsam und behutsam mit dem Wort umgehen kann, vor allem während des Behandelns, wo der Mensch so ausgeliefert ist, kann es hilfreich sein und ihn treffen. Aber es darf nie den Geschmack von Einmischen haben.
Manchmal spreche ich erklärend in der Behandlung. Ich sage, was ich tue und warum, während ich es tue. Es kann vielleicht so sein: „Schau, ich gebe Dir jetzt ein bisschen Druck, versuch, ihn zu nehmen“, oder: „Ich dehne Dich jetzt, spüre, was dabei passiert und dann spüre, wie es ist, wenn ich die Dehnung wieder löse.“ So versuche ich, manche Angebote verständlicher zu machen, besonders wo die Empfindungsfähigkeit im Leib noch gering ist.

19 Prof. Karlfried Graf Dürckheim, 1896–1988, Begründer der „Initiatischen Therapie“ und des Therapiezentrums Todtmoos-Rütte

D. Gibt es auch einen Ausatem, der zu gut ist?

H. Ich habe darüber schon gesprochen. Wenn er zu gewollt ist. Der Mensch ist nicht mehr ehrlich mit sich selbst, er will anders sein, als er ist. Manchmal fließt ein Ausatem beinahe endlos. Man muss da gut hinschauen. Es kann auch sein, dass ihn kein Widerstand mehr hält, dass dem Ausatem keine haltende Kraft entgegengesetzt werden kann. Menschen mit solchem Ausatem brauchen dringend Halt, Fassung, Lebenskraft. Dies Erscheinungsbild kann manchmal fast beängstigend wirken.

D. Und dann rufst Du den Einatem?

H. Ja, indem ich dem Ausatem Grenzen setze mit meinen Händen. Von den Füßen her, vom Becken, von den Sitzbeinhöckern. Ich finde heraus, wo es geht. Der Ursprung der Atembewegung muss wieder deutlich werden. Atemkraft sammelt sich in der Tiefe, aus der der neue Einatem sich formen kann.

D. Ist das wichtig, dass Du da von unten her arbeitest?

H. Ja, ich will ja die Basiskraft, diese ursprüngliche Lebenskraft wieder anregen.

D. Aber man denkt doch normalerweise, der Atem fließt von oben ein.

H. Der Ursprung, die Quelle der Atem-Bewegung ist in der Leibtiefe. Hier muss sie verankert sein. Wenn hier keine Haltekraft ist, – aus verschiedensten Gründen kann das sein –, wird die Atembewegung wie ein flatterndes Segel, ohne Halt. Sie erfasst den Menschen nicht. Man muss ihm deutlich das Gefühl für Halt in der Leibtiefe von außen vermitteln, bis irgendwann die Quelle wieder gefunden und geöffnet ist. Dann finden Einatem und Ausatem in ein lebendiges Miteinander. Es wird verständlich, wie sehr Ein- und Ausatem sich gegenseitig bedingen, voneinander abhängig sind.

D. Vom Erleben her ist das ganz klar. – – –

Die Atempause

Vielleicht können wir zum Schluss noch etwas über die Pause, die Ruhephase zwischen Aus- und Einatem reden.

H.: Die Pause, die das Schönste ist.

D. Das ist interessant. Man möchte doch denken, Einatmen ist das Schönste, das Leben zu nehmen. Aber es ist ja auch etwas Wunderbares, auszuatmen mit dem Verströmen am Schluss. Und dann die Pause. Wodurch wird sie so schön?

H. Durch das Erfüllt-Worden-Sein. Der Einatem hat sich erfüllt, der Ausatem hat sich erfüllt. Nun darf Ruhe sein, eine erfüllte Ruhe, eine lebendige Stille, die schöpferische Pause. Hier wird es noch deutlicher, wie sehr die einzelnen Atemphasen einander bedingen. Sie wollen erfüllt sein, dann wirken sie ineinander in rhythmischem Spiel.

D. Wobei der Weg in die Pause über den Ausatem geht?

H. Ja.

D. Seit längerem habe ich bemerkt, dass der Weg in die Stille über das Lauschen im Ausatmen führt, um dann die Kostbarkeit der Pause zu erleben. Damit sie sich eröffnet, scheint es hilfreich, dem Ende des Ausatmens nachzulauschen.

H. Das ist interessant, Dieter. Damit kommst Du an die Bedeutung der Übergänge zwischen den einzelnen Phasen. Viele Menschen haben auch im täglichen Leben keine Übergänge. Sie können nicht das Eine ausklingen lassen, sondern gleich beginnt wieder etwas Neues, das sie haben wollen. Sie sind nicht im Moment des Geschehens, sondern immer schon über ihn hinaus. Du sprichst vom Lauschen. Lauschen ist ja ein Begleiten mit dem inneren Ohr, mit aller Wachheit und Achtsamkeit. Lauschen will nichts festhalten, sondern begleiten.

D. Es gibt viele Menschen, gerade am Anfang des Weges, bei denen sich gar keine Atempause zeigt. Ein- und Ausatem gehen pausenlos hin und her. Woher kommt das?

H. Das sind die, die ganz sicher sind, dass im Leben gar nichts geschieht, wenn sie es nicht selbst machen.

D: Das hat sich so eingeschlichen?

H. Die natürlich auch dahin getrieben worden sind, denen man immer wieder gesagt hat, du musst das und das tun, und wenn du nicht tüchtig bist, dann bist du niemand, dann zählst du nicht.

D. Wie bringst Du einem Menschen bei, das wahrzunehmen? Ich glaube, es ist für viele, die so atmen, ganz normal. – Sie denken sogar, gerade wenn sie zur Atemstunde kommen und auf den Atem achten, dass er ununterbrochen und pausenlos gehen sollte. Wie entdecken sie, dass es da eine natürliche Pause geben könnte? Du sagst es ihnen ja sicherlich erst mal nicht?

H. Nein. Du musst bedenken, es ist auch ein Zeichen unserer unruhigen Zeit mit ihren unendlich vielen, so verwirrenden Angeboten. Dann das Leisten, Leisten, Leisten. Dann die Erschöpfung von beidem. Man fällt in ein Nichts, aus dem man sich dadurch rettet, dass man sich schnell neue Möglichkeiten sucht. Also die wunderbare Erfahrung der Pause wird nicht gelebt, der Mensch kommt in ein immer größeres Defizit seines Menschseins. Er wird atemlos, weiß nichts von Rhythmus.
Da, wie wir schon sagten, die Atemphasen sich gegenseitig bedingen, sollte ich bei der Behandlung nicht in der Phase ansetzen, in der das Problem sichtbar wird. Ich erspüre ja, was die Pause verhindert, – und hier beginnt die Arbeit. Es kann sein, dass dann ein Stöhnen kommt, vielleicht auch eine Art Aussetzen, und so dieses unbewusste Funktionieren durchbrochen wird. Hier könnte auch der Moment sein, in dem das Lauschen einsetzt.

D. Da fängt der Rhythmus an, sich zu verändern.

H. Das Lauschen durchbricht sanft die Unbewusstheit und öffnet das Tor zum Bewusstwerden.

Nichts ist schwer,
sind wir nur leicht.

Mechthild von Magdeburg

Viertes Gespräch

Die Atemarbeit in der Gruppe

D. Heute wollen wir über die Atemarbeit in der Gruppe sprechen. Du hast gesagt, dass Du erst ziemlich spät mit der Gruppenarbeit angefangen hast. Es ist interessant, wie Du das gelernt hast, mit wem Du Erfahrungen gemacht hast und wie es sich entwickelt hat in den vielen Jahren.

H. Bevor ich mit der Gruppenarbeit begonnen habe, habe ich einige Jahre nur behandelt. Ich wollte ganz bewusst Menschen erst einzeln in ihrem Atem erfahren und verstehen lernen. Dann erlebte ich Volkmar Glaser in seiner Arbeit mit der Gruppe. Sie war schön, mir aber zu geführt und beschäftigte sich für mich zu sehr mit Vorstellungen. Schmitt habe ich in der Gruppe nie erfahren, habe aber viele interessante Aufzeichnungen von Teilnehmern. Er war sehr am Yoga orientiert, bot den Atem fördernde Yogastellungen an. Er brachte das immer in Zusammenhang mit Lebenssituationen, Einstellungen und Problemen. Da war immer eine geistige Führung. Er stellte geistige Beziehungen her.
Bei Ilse Middendorf lernte ich dann die Arbeit auf dem Hocker erst wirklich kennen. Obwohl ich das Üben am Boden liebte, hat mir das sehr gut gefallen.

D. Es wäre gut, wenn Du das ausführlich darstellst.

Um was es geht

H. Das Üben findet in einem Kreis statt, man sieht die anderen und wird gesehen, auch wenn die Augen beim Üben geschlossen sind, um die innere Achtsamkeit zu stärken. Übungsangebote werden gegeben, in denen die Teilnehmer sich selbst erfahren. Es sind Übungsweisen, die in der Verbindung mit dem Atem Wahrnehmung und Achtsamkeit stärken, Anwesenheit schaffen. Das trifft natürlich auch für das Üben im Liegen zu. Und doch bin ich im Sitzen auf dem Hocker in einer anderen, vielleicht verantwortlicheren Weise gefordert.

Nach einer Übungssequenz gibt es die Möglichkeit, über das Erleben im Üben zu sprechen. Die sehr persönlichen Aussagen machen sofort deutlich, dass es um ein *Sich*-Üben geht, das heißt also, nicht so sehr um ein Können, sondern vielmehr um ein Fragen nach sich selbst. Hierbei ist die Kreativität der Unterrichtenden besonders wichtig. Um so mit einer Gruppe zu arbeiten, muss ich selbst einen Übungsweg durchlaufen haben, muss mich im Atem kennen gelernt haben. Natürlich ist das ein fließender Prozess, der nie endet. So, wie du gerade bist in deiner Entwicklung, so wirst du anleiten.

D. Kannst Du frei assoziieren und erzählen, um was es Dir in der Gruppenarbeit geht? Ich stelle Dir dann noch spezifische Fragen.

Das Leiten der Gruppe

H: Eine Voraussetzung, um eine Gruppe zu leiten, ist, dass du selbst gut bei dir bist. Das, wozu du einlädst, kommt aus deiner Tiefe, aus deiner inneren Verbindung mit dem Atem. Es geht darum, die Mitte zu finden zwischen dir und der Gruppe. Du wirst lernen, in einem ständigen Fluss zwischen innen und außen zu sein. Das Wahrnehmen der Verarbeitung eines Übungsthemas durch die Teilnehmenden öffnet weitere Möglichkeiten und zeigt folgerichtige weitere Wege. Die Betrachtung wird tiefer. Das Üben wird authentischer.
Wichtig ist dabei, jeden einzelnen Übenden wahrzunehmen. Es ist eine Kunst, die sich mit der Zeit entwickelt, die Angebote so zu stellen, dass alle sich gemeint oder getroffen fühlen können, selbst wenn manches noch nicht vollziehbar ist. Das bedeutet für die Anleitende immer wieder das Eintauchen in sich selbst, um neue Wege zu finden, neue Worte oder *das* richtige Wort, statt vieler Worte. Der Klang der Stimme ist wesentlich, einer Stimme, die aus der Verbindung, dem Anschluss an das Innere kommt, die aber klar und manchmal sogar nüchtern sein wird, niemals suggestiv. Auch einfach muss die Ansage sein, um nicht zu verwirren.
Ich schreibe seit langem Protokolle, also Berichte über eine Stunde und ihren Verlauf, auch darüber, was sich in der Gruppe ereignet, manche mir wichtig erscheinende Aussage. Vor der nächsten Stunde lese ich mein letztes, manchmal einige letzte Protokolle durch, um mit Kopf und Gefühl mit den Menschen und dem Geschehen in Verbindung zu kommen. Ich sitze vorher meist in der Stille, gesammelt, lasse das Gelesene in mich eindringen und komme so in die Atmosphäre. Da mischen sich Denken, Fragen, Spüren, Auftauchen von Ideen für die Stunde. Das ist für mich die beste Vorbereitung.
Doch nicht immer ist das möglich und mit noch größerer Dankbarkeit erlebe ich dann die Gnade, wenn eine Stunde sich ganz aus dem Moment baut. Oft geschieht es mir, dass in der inneren Beschäftigung vorher diese oder jene Idee auftaucht, was sein könnte, in sinnvollem Anschluss an die vorhergehenden Erfahrungen. Manchmal lässt sie sich verwirklichen, manchmal jedoch kommt, bevor ich beginne, ein anderes Thema, zwingend. Ich muss es nehmen und mich darauf einlassen. Ich bin mitten in einem schöpferischen Akt. Es ist etwas von Dienen dabei, ein Weg findet sich. Ich bin ihm wie verpflichtet, ich denke ihn nicht voraus. Es geschieht. Ich bin voll dabei.

Das geht mir immer mehr so. Die Sorge vor Beliebigkeit habe ich inzwischen verloren, da ich danach fast immer erlebe, dass die Stunde aus einem tiefen Grund geboren wurde und ich sie genommen habe, in vollem Bewusstsein, dass sie jetzt durch mich so auf die Welt kommen will.

D. Die Frage nach der Beliebigkeit eines Angebots ist sicherlich trotzdem wichtig?

H. Die Antwort darauf ist vielleicht die Frage: Bin ich so in Verbindung mit dem Geschehen, dass ich es wage, aus dem Moment heraus zu schöpfen? Vertraue ich auf die Botschaft? Trägt sie mich? Findet sich der Sinn?

D. Das müssen wir noch mehr anschauen. Es ist also zunächst wichtig, dass Du Dich auf die Gruppe vorbereitest?

H. Ja, immer wenn es möglich ist. Aber es ist auch wichtig, ohne Vorbereitung vertrauensvoll in die Arbeit zu springen, wenn nötig. Ich muss erwähnen, dass das Unterrichten in der Ausbildung einen Zuwachs an Didaktik gebracht hat. Wesentlich erscheint mir aber, dass dabei diese vorher beschriebene Arbeitsweise erhalten bleibt. Es geht um eine gelingende und sich ergänzende Kombination.

D. Kannst Du Beispiele geben für dieses mehr Didaktische, was das für Überlegungen sind, was Du dabei denkst?

H. Mit einem ganz einfachen Beispiel: Die Arme schwingen um den Rumpf. Das löst doch erst mal einfach und tut gut. Das ist ein sehr häufig auftauchendes Übungsangebot. Es ist angenehm und es macht fröhlich. Und das ist ja auch schon etwas. Aber die Schüler, die das weitergeben wollen, sollten dem mehr nachspüren. Was passiert denn da eigentlich? Warum tut das so gut? Was geschieht von den Füßen auf dem Boden bis zum Kopf in dieser diagonalen Verwindung und Schwingung? Was passiert mit deiner Mitte, mit deinen Seiten, deinem Zwerchfell, deinen Schultern? Was passiert mit dem Nacken, den Kiefergelenken und, wenn du dich ganz hinein gibst in dieses Schwingen, was geschieht mit deinen Augen? Sie waren gehalten, fixiert und haben sich nun in dieser Schwingung gelöst.
In der Ausbildung bedeutet das, sich so eine folgerichtige Entwicklung und Entfaltung durch und durch anzuschauen. Das kannst du in jeder Übung machen. Nicht zu früh, weil die Leute da zu schnell ins Denken gehen und aus der Verbindung mit ihrem Atem herausfallen. Es hat alles seine Zeit. Der Weg in die Verbindung zwischen Körper und

Atem und Bewegung braucht viel Schutz und Zeit, bis das Denken nicht mehr stört. Erleben und Erspüren ist das Eine, Begreifen ist noch mal etwas Anderes.

Bewegen im Atem

D. Es ist ja einer der Hauptunterschiede, im Vergleich mit der Behandlung, dass wir uns in der Übung aktiv bewegen. Was ist das für ein Bewegen?

H. Wir bewegen uns in der Verbindung mit unserem Atem, was bedeutet, dass wir aus der mechanischen Bewegung herauskommen. Das habe ich letzte Woche gerade in einem der Arbeitskreise erkunden lassen: Nachdem die Schülerinnen sehr innerlich und verbunden mit ihrem Atem geübt hatten, regte ich an, sich aus dieser Empfindungsebene des Atems zu lösen und damit aus der seelischen Verbindung mit der Bewegung, und sich eine Zeitlang willensgesteuert zu bewegen, um dann wieder zurückzuschalten in das achtsame mit dem Atem Verbundensein. Da wurde der Unterschied ganz deutlich, wie zwei Welten. Es ist ein Wechselspiel: Durch die Bewegung regst du den Atem an, dem du dich hingibst und dich dann von ihm wieder in Bewegung tragen lässt. Die Bewegung bekommt dadurch ganz ihren seelischen Gehalt. Da bist du und du bist im Ganzen. Das weckt oft starke Gefühle.

Empfindung und Gefühle

Da sind wir an der viel diskutierten Frage: was ist Empfindung, was ist Gefühl? Welchen Platz haben sie in unserer Arbeit? Empfindungsfähig und gefühlsfähig. Schauen wir uns das doch einmal an. Ich lerne mit der Wachheit meiner Empfindung meinen Atem zu begleiten. Das wird manchmal gelingen und manchmal nicht gelingen. Es kann mich zum Beispiel in Not bringen und in verschiedenen Stationen, die ich dabei durchlaufe, ganz unterschiedliche Gefühle auslösen. Vielleicht gibt es so etwas wie Gefühlsstationen auf dem Weg zur Empfindung. Diese Gefühle sind zu ihrer Zeit, wenn sie kommen, notwendig, aufdeckend und befreiend. Sie sind willkommen. Sie müssen nur nicht gepflegt werden.

D. Dabei ist es vielleicht hilfreich, wenn wir uns über den Unterschied zwischen „empfinden“, „fühlen“ und „Gefühle haben“ unterhalten. Es ist ein Thema, mit dem ich mich lange beschäftigt habe und zu dem mich Deine Auffassung sehr interessiert.
Fühlen ist in meiner Sicht das aktuelle Gefühlsgeschehen im Körper, sozusagen sein emotionaler Geschmack, seine Gestimmtheit. Erst wenn dies Geschehen in Verbindung mit Erinnerungen und Zukunftsprojektionen interpretiert und gewertet wird, können wir es einordnen und sagen: „Ich habe dies oder das Gefühl“, um dann bewusst darauf

zu reagieren. Das heißt, es vermischt sich mit einem Denkprozess. Erst durch ihn und seine Bewertungen können Gefühle unangenehm oder schwierig werden.
Das Gefühlsgeschehen selbst ist dem Empfinden viel näher. Wobei sich in der Empfindung für mich etwas ganz körperlich Gespürtes mit meinem augenblicklichen Bewusstsein von Anwesenheit verbindet. Dadurch entsteht ein bewusster Empfindungsstrom des gegenwärtig Geschehenden, der sich ständig in seinen unterschiedlichen Qualitäten wandelt. Durch diesen Strom wird der Körper zum Leib. Die Empfindung ist dabei sowohl etwas Persönliches, wie etwas in das Ganze Eingebundenes. Vom Empfinden über das Fühlen zum Gefühle Haben geschieht also in meiner Sicht ein sich zunehmend vom Unmittelbaren Entfernen. Deshalb tut es so gut, sich über den Atem wieder mit dem Unmittelbaren zu verbinden.

H. Oft muss man durch auftauchende Gefühle durchgehen, bis man fähig ist, sich nur mit der Empfindung und mit dem Fühlen für das, was geschieht, zu verbinden, bis sich alle Ablenkungen durch die Gefühle aufgelöst haben.

D. Es geht also nicht wie bei vielen Therapien darum, Fühlen und Gefühle ausdrücken zu lernen? Das hat zwar seinen Platz, steht aber nicht im Vordergrund.

H. Ja, wir müssen nicht denken, wir seien am Ziel, wenn Gefühle hochkommen. Wir gehen weiter in unserer Empfindung mit dem Atem und für den Atem. Allmählich werden die Gefühle, – ich möchte sie hier lieber Emotionen nennen –, stiller; nicht, weil sie vertrieben wurden, sondern weil sie mit in den Fluss des Geschehens genommen werden. Wenn Atem und Empfindung dann mehr ineinander gefunden haben, werden die Gefühle unwesentlich.

D. Vielleicht kannst auch Du noch genauer sagen, was Du unter Empfindung verstehst?

H. Zunächst folgst Du achtsam deiner Atembewegung, du nimmst sie wahr: Das Weitwerden, das Zurückschwingen, die Atempause. Du erlebst wach die Übergänge. Du nimmst die Freiheit oder Nicht-Freiheit deiner inneren Schwingung wahr, wo es Widerstände oder unbewusste Bereiche gibt und wo dein Atem lebendig da ist. Aber in dieser Art des Wahrnehmens bleibt doch immer noch eine Distanz. Hier ist der Atem und hier ist meine Wahrnehmung.

D. Und hier bin ich als derjenige, der wahrnimmt.

H. Ja, eine Trennung. Du hast einen Atem, den du spürend wahrnimmst, du bist aber noch nicht dein Atem. In der Empfindung wirst du dann mit hinein genommen, ein paar Schritte tiefer. Du begleitest nicht nur in Achtsamkeit das Geschehen, sondern du übergibst dich dem Geschehen, du lässt dich in das Geschehen hineintragen. Du wirst das Geschehen. Die Trennung ist nicht mehr. – –

D. Vielleicht kommen wir noch mal konkret zu den Gefühlen, den Emotionen.

H. Wie ich vorhin sagte, müssen sie zu ihrer Zeit ihren Platz haben, denn der Atem bringt sie doch hervor aus ihren Verstecken.

D. Wenn da jetzt eine Gruppe sitzt und ein Teilnehmer während des Übens zu weinen anfängt, wie gehst du darauf ein?

H. Ich habe erlebt, wie gut es ist, einfach da zu sein, in voller Präsenz, und es geschehen zu lassen. Meine Erfahrung wächst und damit die Fähigkeit, zu erkennen: „Muss ich jetzt diesen Menschen bei sich lassen oder muss ich ihn in den Arm nehmen oder ihm eine Hand auf die Schulter, den Rücken oder den Kopf legen?"

D. Lässt Du dann die anderen einfach weiterüben und bist eine Zeitlang ganz bei einem?

H. Ich erinnere mich an eine Stunde, an der eine Frau teilnahm, kurz nach dem Tod ihres geliebten Mannes. Es geschah in einem sehr erfahrenen Arbeitskreis, am Ende einer tiefen Stunde. Sie war total selbstvergessen, stand und hat ungefähr 20 Minuten weitergeübt. Alle saßen wir und haben gewartet, bis sie in diesem Erleben zu einem Ende kam. Das war eine starke Erfahrung, dieses wirklich miteinander Sein. Es war mehr als jedes Wort und jede Umarmung. Dann hat sie sich hingesetzt und war fertig.

D. Was ist mit anderen Gefühlen, zum Beispiel Wut oder Aggression? Kommt das vor?

H. Das kommt vor, aber schon während Du mich fragst, kann ich auch sagen, es kommt weniger vor. Ich kann mir vorstellen, dass das mit der eher stillen Arbeit zu tun hat. Obwohl gerade das bei manchen Menschen auch Wut auslösen kann.

D. Oder sehr starke Unruhe?

H. Das kenne ich auch gut, vor allem bei Anfängern.

D. Nervosität?

H. Ja, das kann furchtbar sein. Es ist so ungewohnt, sich mit sich selbst zu beschäftigen, vor allem in der Stille. Und wenn ich nervös werde, geht gar nichts mehr.

D. Oder aus der Haut fahren wollen?

H. Wenn der Druck zu groß wird, aus unserer Konditionierung heraus, dass wir eine Leistung zu vollbringen haben und gut sein müssen, und das aus irgendwelchen Gründen nicht gelingt, möchten wir doch am liebsten aus der Haut fahren.

D. Was ist mit Angst?

H. Die Arbeit an verschiedenen Atemräumen kann verschiedene Formen von Angst hervorholen. Wenn die Kraft groß genug ist, kann sie sich vielleicht auch als Wut äußern. Ich habe zum Beispiel einmal in einer Gruppenstunde einen so ungeheuren Schrei erlebt, dass fast die ganze Gruppe gezittert hat. Ich habe diese Frau erst einmal schreien lassen, aber ich habe mich hinter sie gestellt und meine Hände auf ihren Rücken gelegt und habe sie auch von hinten am Becken umfasst. Dann saß sie da und hat am ganzen Körper gezittert. Ich habe gebeten, Matten auf den Boden zu legen, sie hat sich hingelegt und wir haben sie in Decken eingehüllt. Ich habe mich zu ihr gesetzt und habe sie gehalten.

D. Was sind das für Ängste, die in dieser Arbeit aktiviert oder ausgelöst werden?

H. Lange unterdrückte Gefühle, die versteckt wurden, eben weil sie angstbesetzt waren. Berührung öffnet ja die Enge der Angst, den Schutz davor, die Wahrheit anschauen zu müssen. Alles vom Willen Festgehaltene kann aufbrechen. Das Sanfte ist stärker als die Härte der Enge. Es macht immer Angst, verdrängte Gefühle zuzulassen und zu spüren. Da gibt es natürlich viele individuelle Themen.

D. Könnte es auch sein, dass jemand in eine völlige Blockierung kommt, dass nichts mehr geht? Wenn Du das siehst, weil Du ja immer wieder hinschaust, was machst Du dann?

H. Ich habe im Moment kein nahes Beispiel. Doch denke ich an eine junge Frau, die in meiner Behandlung war und auch in die Gruppe kam. Sie war in ihrer frühesten Kindheit gestört worden durch die Scheidung der Eltern. Sie blieb beim Vater und übernahm in ihrer Gefühlswelt die Rolle der Mutter. Der Vater nahm eine neue Frau. Sie wurde das „schlimmste Kind ihrer Stadt". Sie kam zu mir in großer Not. Eine kämpferische Frau voller Gefühle, die jedoch völlig abgespalten von ihr waren. In der Behandlung so wie auch in der Gruppe wurde sie manchmal ganz starr und hatte gleichzeitig einen Blick voller Hass und Wut auf die anderen Teilnehmerinnen oder auf mich. Damals war für mich ein interessantes Phänomen, dass sie nicht gähnen konnte und alle glühend beneidete, die im Gähnen Lösung erfuhren. Wir sind einen schweren und liebevollen Weg miteinander gegangen. Sie hat eigene neue Weisen gefunden und ist auf ihrem Weg. Es ist lange her. Und heute noch sagt sie zu mir: „Das Atmen war das wichtigste Erlebnis", – und die Sehnsucht bleibt.

Schwierigkeiten in der Gruppe

D. Wenn man diese verschiedenen Gefühlsprobleme anschaut, würdest Du sagen, dass die Übungsgruppe nicht für alle etwas ist?

H. Ich hatte jahrelang offene Gruppen in einer Benediktiner-Abtei in München. Da habe ich sehr viel gelernt. Wir hatten die Arbeit damals auf Wunsch des Abtes Atem-Meditation genannt. So wurde sie ausgeschrieben. Wer auf eine solche Ausschreibung reagiert und sich anmeldet, hat jedenfalls schon eine Sehnsucht in sich. Ob die sich dann erfüllt, wird sich zeigen. Menschen kommen mit bestimmten Vorstellungen, meist aus viel Aktivität, und wollen schnelle Resultate. Der Weg in die Stille und in die Empfindung für sich selbst ist oft schwer und für manche Menschen letztendlich nicht möglich. Das klärt sich bald. Wenn man nicht verstehen kann, verlässt man irgendwann die Gruppe, früher oder später. Andere wieder bleiben, auch wenn es ihnen nicht leicht fällt. Und es gibt auch diejenigen, die von Anfang an angesprochen oder sogar getroffen sind.

D. Ich habe jetzt ein paar Mal erlebt, dass manche Menschen die Gruppensituation sehr überfordert. Sie kommen in große Ängste. Zum Beispiel haben sie das Gefühl, dass die Energien der anderen in sie eindringen und sie sich nicht schützen können. Sie fühlen sich überfordert oder blockiert und sind unfähig, sich dem Atem zuzuwenden.

H. Eine Gruppe setzt sich aus vielen sehr unterschiedlichen Menschen zusammen. Das ist ein wichtiger Faktor. Manche glauben, sie können überhaupt nicht teilnehmen und fühlen sich durch die andern über-

fordert, ausgeliefert. Auch sich zu zeigen, in dieser unbekannten Situation, kann Angst machen. Gerade für diese Menschen ist die Gruppe eine große Chance, zu lernen, sich zu zeigen und zu sich zu stehen. Wichtig ist nicht die äußere Leistung, sondern der Versuch ihre innere Welt auszudrücken. Das lernen sie durch die Übung in der Verbindung mit ihrem Atem.
Ein anderes Thema taucht immer wieder auf: Das Vergleichen, das oft so verhindernd und vernichtend sein kann. Wenn ich mich selbst erfahre in der Übung des Atems, wachsen die Kraft und die Fähigkeit, mich zu sehen und zu fühlen, wie ich bin und auch zu ahnen, wie ich sein kann, und so zu mir zu stehen und mich zu akzeptieren und zu lieben. Dann muss ich nicht mehr vergleichen. Ich bekomme eine andere, neue Beziehung zu mir.
Da wird auf einmal auch die Verschiedenartigkeit des Erlebens mit Offenheit wahrgenommen, was dann eine Bereicherung für die eigene Erfahrungsfähigkeit bedeutet. Es muss nicht mehr so viel getrennt werden, bewertet in richtig und falsch. Die Atmosphäre in einer Gruppe zeigt recht deutlich, wieweit das gelingt oder gelungen ist. Die Achtung vor mir selbst bringt die Achtung vor den anderen.

Gespräche nach dem Üben

D. Vielleicht können wir etwas über die Rolle des Nachgesprächs reden. Nach dem Üben gibt es ja erst ein Nachruhen am Boden und dann finden wir uns im Kreis zum Reden zusammen. Was ist der Sinn dieses Gesprächs?

H. Die Gespräche dienen dazu, noch einmal zurückzuschauen: Was ist im Üben geschehen und wie geht es mir jetzt? Sie dienen dazu, das Erlebnis auf einer anderen Ebene anzuschauen. Wie wir gesehen haben: Manchmal geht es, und manchmal nicht. So kann eine Gesprächsrunde anfangs ziemlich schweigsam sein. Doch auch geladen von Emotionen und Gefühlen. Das wirkt sich dann auf die ganze Gruppe aus, als Ermunterung, sich auch zu zeigen oder aber im Gegenteil, sich noch mehr zurückzuziehen. Es bedarf eines feinen Gefühls der Gruppenleiterin, mit solchen Situationen gut umzugehen, den rechten Raum und das rechte Maß zu geben. Hier müssen sich Liebe und Klarheit verbinden.

D. Wie gehst Du damit um, wenn jemand ganz Unnötiges oder Unsinniges redet?

H. Ich werde auf jeden Fall erst mal zuhören. Damit gebe ich die Bejahung: „Du bist mir wert, dass ich Dir zuhöre, was immer Du sagst.“

Es gibt im Tao Te King von Laotse[20] das schöne Wort: „Wem du nehmen willst, dem musst du erst gegeben haben“. Wenn ich das Gefühl habe, ich habe genug Raum gegeben, dann darf ich ihn auch wieder nehmen. Ich sage vielleicht: „Ich glaube, wir haben verstanden. Es ist gut, es ist angekommen“.
Die andere Situation ist, dass Teilnehmerinnen nichts sagen nach dem Üben. Hier ist zu lernen, herauszufinden, warum das so ist. Du hast sie beim Üben erlebt und konntest sehen, dass der Schritt in das Üben noch eher verschlossen ist, aus welchen Gründen auch immer. Meist erlebst du da eine Art von Trennung, außen und innen können nicht zusammenkommen. Das kann Trauer auslösen, Ärger, Wut, oder eben auch Wortlosigkeit. Nun geht es darum, ob jemand wegbleibt oder wieder kommt und es wagt, sich neu zu konfrontieren. Vielleicht geht es dabei auch um den Grad der Sehnsucht. Darüber haben wir ja schon gesprochen.
Wieder andere erlebst du im Üben, wie sie sich ganz selbstverständlich einlassen und wie die Tür nach innen sich öffnet. Und sie sprechen auch nicht.

D. Sprichst Du sie dann an?

H. Manchmal ja, manchmal nein. Ich weiß inzwischen gut, wie schwer es ist, das Erlebte in Worte zu kleiden, die dem Erleben gerecht werden. Das ist oft das Problem. Wie sage ich es, ohne es zu zerstören? Was war es eigentlich? Ist es nur Fantasie, kann ich mir trauen? Vielerlei Gedanken. Manchmal ist das Erlebte so kostbar, dass es nicht oder noch nicht preisgegeben werden kann.
In einem Übungskreis sitzen vielleicht 10 Menschen. Jede Teilnehmerin wird im Üben in ihre eigene Welt geschickt, um sich in ihr zu erleben. Der Gesprächskreis danach öffnet 10 Welten. Alle sind verschieden, aber haben eines gemeinsam, das Atemerlebnis. Die Gespräche treffen sich also in all ihrer Verschiedenartigkeit unter einem Nenner. Je reifer die Atemerfahrung wird, desto reifer werden die Gespräche. Je tiefer sie wird, desto stiller werden sie und manchmal braucht es sie gar nicht mehr. Das Wesentliche ist ohne Worte.

Der Ablauf einer Übungsstunde

D. Jetzt würde ich gerne darüber reden, wie konkret eine Übungsstunde abläuft. Da geht es ja auch um eine Art Gruppenprozess. Wie beginnt eine Stunde, auf was achtest Du und wie geht es dann weiter?

20 Laotse, 6. Jh. v. Chr., chinesischer Philosoph, Autor des Tao Te Ching, auf deutsch „Das Buch vom Sinn und Leben“

Wie und wodurch „baut" die Stunde sich? Es wäre gut, da genau hinzuschauen.
Wir hatten bereits gesagt, Du bereitest Dich vor, Du stimmst Dich ein, Du spürst schon die Menschen und manchmal hast Du eine Idee, wie Du anfängst. Was für Gesichtspunkte spielen eine Rolle, wenn Du vorher überlegst, fange ich da an oder wo anders?

H. In der Ausbildung ist es wichtig, einen roten Faden im Lehren zu haben. Es geht dabei ja um beides gleichermaßen, die Selbsterfahrung und die Lehre. Ich muss also einen didaktischeren Ansatz haben als in einer Laiengruppe. In diesem Fall ist ja jedes Atemthema ein Lebensthema.

D. Insofern ist da also zunächst in gewisser Weise eine Beliebigkeit. Du könntest mit diesem Thema anfangen oder mit jenem.

H: Das stimmt.

D, Aber wenn Du angefangen hast, geht es darum, wie Du es weiterführst.

H: Darüber zu reden ist sehr schwer.

D. Das Erste ist sicher, wie Du sagtest, dass Du im Kontakt mit Dir selbst bist.

H: Dabei ist eine große Hilfe, die Stunde mit Stille zu beginnen. Ein kleines Schwingen, ein kleines Dehnen verbindet dich dann mit deiner inneren Schwingung und damit mit deiner inneren Welt. Die Gruppe ist da, der Kreis wird deutlich und du kannst dich öffnen. Die Stunde hat längst begonnen.
Wie kann ich eine Atemstunde beschreiben, ohne über Übungen zu sprechen? Es ist wie bei jedem künstlerischen Prozess. Du hast eine Idee, eine Vision, du musst eine Mitte finden zwischen dir und dem, was entstehen soll. Der Ausdruck „eine Stunde baut sich" zeigt eigentlich schon, dass ich sie allein nicht machen kann. Sie entwickelt sich aus einem Beginn, den ich als Gruppenleiterin natürlich setze. Schon hier zeigt sich mein momentaner Stand, meine Präsenz, mein Anschluss an den Atem. Ich bin offen zur Gruppe. All diese Faktoren finden zusammen. Vielleicht ist es wichtig, den Mut zu haben, alle Vorstellungen loszulassen und leer zu werden im Vertrauen: das Thema wird sich zeigen. Da kommt manchmal ein Zeichen aus der Gruppe, kein verbales Zeichen. Die Art ihrer Anwesenheit lädt mich ein oder zwingt mich beinahe, in einer bestimmten Weise zu beginnen, zum Beispiel für diese eine Frau.

Einmal begonnen entwickelt sich dann das Notwendige. Das Thema, das sich mir angeboten hat, kann nun im gemeinsamen Üben umkreist, verdeutlicht und gelöst werden. Nun ist es immer so, dass die Arbeit am Thema einer Schülerin auch allen anderen wohl tut und ihnen Erfahrungsmöglichkeit anbietet. Wenn eine Stunde sich erfüllt, ist es immer ein Werk aller Anwesenden. Das hat etwas ungemein Beglückendes, es formt sich ein gemeinsames Werk. Wenn ich wirklich in Verbindung mit meinem Atem und der Gruppe bin, höre ich immer wieder: „Das hast Du heute ganz für mich gemacht", – und oft nicht nur von einer, sondern von allen. Wie ist das zu erklären?
Um so zu arbeiten, muss ich lernen, mich nicht festzuhalten an etwas Geplantem, Ausgedachtem, sondern wagen, in den Moment hineinzuspringen und zu nehmen, was er mir gibt. Wenn ich mit dem Atem verbunden bin, taucht da so etwas wie das Gesetz eines Spiels auf. Es hat nicht das Geringste mit einer Beliebigkeit zu tun. Es vollzieht sich in absoluter Gesetzmäßigkeit und ist ein Spiel, ein Atemspiel, ein menschliches Spiel. Ja manchmal ein himmlisches Spiel. Es erlöst aus dem Zwang von äußeren Wertungen wie richtig und falsch und schlecht.
Es gibt ein wunderschönes Wort von dem persischen Dichter Rumi: „Jenseits aller Vorstellungen von richtig und falsch, da gibt es einen leeren Raum, da will ich dir begegnen." Und Friedrich Schiller sagt: „Der Mensch ist nur der ganze Mensch, wo er spielt. Das Spiel der Kunst ist die Epiphanie[21] der Freiheit."

D. Das Wesentliche ist sicher dieses Im-Anschluss-sein.

H. Mit Sicherheit! – – –

Übungsthemen D. Kannst Du Beispiele für Themen geben, die sich in einer Übungsstunde entwickeln?

H. Da gibt es natürlich sehr viele. Ich kann ein paar nennen, die mir spontan einfallen: Zum Beispiel Innen und Außen, sich selbst Berühren, Haltung und Halt, der Mensch zwischen Himmel und Erde, Gleichgewicht und der Mut zur Verunsicherung, die Öffnung in den Raum, Vordergrund und Hintergrund, Quelle und Atemstrom, Ich und Du, das Instrument und der Klang oder „wie klinge ich", Atemmeditation und Stille. Und vieles mehr, das immer wieder neu entsteht.

21 „Epiphanie": Erscheinung, Sichtbar-Werdung

D. Vielleicht greifen wir ein Beispiel heraus, um zu vertiefen und zu verstehen, um was es Dir da geht. Ich schlage vor, wir nehmen das Thema „Vordergrund und Hintergrund“, weil es nicht so unmittelbar klar ist. Zu was lädst Du mit diesem Thema ein?

H. Ich werde immer offen lassen, was den Übenden geschieht, wenn ich sie einlade, achtsam die Hände zum Hintergrund zu wenden und sich ihm atmend zu öffnen. Es geht natürlich um den Rückenraum und die Bewusstwerdung des Atems im Rücken, das Spüren des Grundes, der einen von hinten trägt, der dort Halt gibt. Und dann vielleicht die biografischen Erinnerungen, die mit dem bewussten Erleben des Hintergrundes angesprochen werden. Da tauchen oft intensive Bilder und Gefühle auf, lange Verstecktes, die Erschütterung auslösen können und die es zu verarbeiten gilt. Dabei ist es wichtig, nicht zu schnell nach vorne in den Vordergrund zu führen, sondern das Hintergrundserleben erst über den Atem und auch die Hände ganz in den Leib und die eigene Mitte zu nehmen.
Sich dem Vordergrund zuzuwenden, lässt dann ganz andere Qualitäten und Erfahrungen entstehen. Oft wird es als Öffnung, als das Neue erlebt, das Neugier weckt. Die Hände wenden sich dahin und der Atem wird von dort spürbar. Es kann beleben, aber auch durch das Unbekannte ängstigen. Wichtig ist, sich in diesem nach Vorne nicht zu verlieren, sondern es zu nehmen und zu spüren, es gehört zum eigenen Raum.
Nach einiger Zeit rege ich dann an, dass sich Hintergrund und Vordergrund miteinander verbinden. Denn das oberflächlich Vordergründige wird erst dann mit Wesensatem erfüllt, wenn es im Hintergründigen wurzelt. Der Gesamtraum kann sich weiten und von Ballast und Vorstellungen leeren. Eine neue Dimension von „Grund“ tut sich auf.
– – –

Wahrnehmungen der Leiterin

D. Du schaust während des Übens den Menschen immer mal wieder zu und siehst zum Beispiel große Unterschiede: Manche sind ganz dabei und andere scheinen eher neben sich zu stehen und zu imitieren. Wie gehst Du damit um?

H. Wenn du sehen gelernt hast, kannst du bei den einzelnen Übenden erkennen, wie und wohin sie dir folgen können bei deinen Angeboten. Du siehst und erkennst, wo Hindernisse sind, im Körper und in der Seele, und du siehst, wie ein ganzes Leben jemanden hindern kann, Körper und Seele in eine gemeinsame Schwingung zu bringen, wie viel Trennung in Menschen sein kann, wie viel Not.

Mir ist an diesem Üben lieb, dass es nicht um das Können einer Form geht, sondern darum, sich selbst oft in ganz einfachen Angeboten zu erleben und sich zu erkennen. Zum Beispiel in dem Angebot, sich zu dehnen oder mit den Armen um den Rumpf zu schwingen. Schon dabei erlebst du bei Menschen, die ohne Gespür für sich sind, – wir sagen, die nicht an sich angeschlossen sind –, ihr Nicht-Verstehen-Können. Hier führt dein Wissen um das Üben dich auf den weiteren Weg, auf dem der Anschluss an sich selbst irgendwann möglich sein wird. Das ist sehr anders als ein Korrigieren. Du bietest neue Möglichkeiten an, zu lernen, sich vom eigenen Atem führen und tragen zu lassen.

D. Wenn du jetzt zum Beispiel zwei in der Gruppe hast, die einfach nicht hinein finden, selbst wenn du ein ganz spezielles Angebot für sie machst, ist da auch eine Gefahr, daran hängen zu bleiben und sie unbedingt mit hinein nehmen zu wollen?

H. (lacht) – – – das ist so ein Thema!

D. Du gehst ja in jedem Fall weiter?

H. Natürlich. Ich mache weiter, sehe die beiden und bin ihnen nahe.

D. Hemmt dich das, wenn Du das siehst? Hast Du da Gefühle?

H. Früher hat mich so etwas schon gehemmt. Es kommt ja schnell diese gewohnte Schiene: „Ich bin nicht gut genug, ich kann nicht vermitteln, was ich meine."

D. Das beeinflusst stark.

H. Und kann einen blockieren. Da fließt der Atem nicht mehr, und eigentlich ist die Stunde in Gefahr.

D. Aber jetzt kannst Du es bei ihnen lassen?

H. Jetzt kann ich es ganz bei ihnen lassen, liebevoll und geduldig, weil ich längst weiß, wie schwer es für manche Menschen ist und wie lange es dauern kann, bis sie sich auch nur ein bisschen spüren. Ich muss mich nicht mehr schuldig fühlen, dass ich nicht gut genug bin. So entsteht nicht die Trennung zwischen jemandem, der etwas „kann" und dem andern, der es nicht kann. Ich kann weiter üben, hilfreiche neue Übungsangebote geben, ohne Anspruch, ohne mich zu verwickeln. Wir waren schon einmal bei dem Thema Gespräch. Gerade, wenn etwas gar nicht geht, gar nicht zugänglich ist, können die richtigen Worte manchmal Wunder wirken.

Die Sprache der Leiterin

D. Reden wir deshalb zum Abschluss für heute noch mehr über die Sprache. Das Anleiten in der Gruppe hängt ja sehr mit der Ausdrucksfähigkeit zusammen, was man sagt und wie man spricht. Du hast mir mal erzählt, am Anfang sei das ganz schwer für dich gewesen. Wie hast Du dann Deine Sprache gefunden? Du hast ja jetzt eine wirklich wunderbare Sprache!

H. Indem ich schnell begriffen habe, dass es ohne eine gute Sprache nicht geht. Nun habe ich das Glück gehabt, dass ich durch meine lange Gesangszeit eine ganz gute Stimme entwickelt habe. Aber eben: *was* sage ich? Ich wurde immer wacher mir gegenüber. Auch das ist ein Spiel, nicht zu kritisch zu sein, um sich nicht im Sprechen zu hemmen, aber mir doch wach zuzuhören. Das tue ich bis heute. Gerade, wenn ich dabei bin, ein Wort zu sagen, mit dem ich noch nicht einverstanden bin, nehme ich es zurück, denke und spüre nach. Es kann sein, dass ich spüre, nein, das ist nicht einfach genug, das ist eine Verführung, oder es ist nicht sauber genug. Sehr wichtig ist mir, keine Worte zu gebrauchen, die verführen.

D. Um was für eine Verführung könnte es da gehen?

H. Es könnten konkrete Bilder, Assoziationen oder sogar Bedeutungen sein, die ich mit meinen Worten als Erfahrung suggeriere, obwohl diese für die Übenden vielleicht gar nicht aktuell sind. Dann kommt die Erfahrung nicht authentisch aus dem Inneren. Auch könnte ich zu konkret bei vorgeschlagenen Bewegungsabläufen oder Gesten werden und zum Nachmachen statt zum von innen entstehen Lassen auffordern.

D. Also horchst Du in die Worte hinein, bevor Du sie aussprichst?

H. Das ist sehr schön ausgedrückt. Je tiefer ich in Verbindung mit meinem Atem bin, desto mehr tun sich die Worte in ihrem Sinn auf. Ich habe mich früher auch mit Worten beschäftigt, in der Zeit meines Germanistik-Studiums. Aber nie ist mir der Sinn, auch der Ursprung von Worten so deutlich geworden wie im Üben, wo ein Wort manchmal aus dem Atmen auftaucht, ganz ungedacht, und ich dann auf einmal, während ich es sage, schmunzeln muss und denke: „Ach, darum heißt das so, das bedeutet es“. Das Wort hat Körper bekommen. Das sind ganz große Glücksgefühle. Auch, wenn sich auf diese Weise zeigt, warum das oder jenes zusammengesetzte Wort sich so gebildet hat. Auf einmal spürst du, ach, darum haben sie zusammengefunden.

D. Du horchst also vorher, bevor Du es aussprichst und Du horchst auch auf den Nachklang und setzt dann manchmal noch etwas dazu.

H. Ja, wenn es nicht genügend klar war oder nicht deutlich genug im Sinn. Und manchmal sage ich auch innerlich: „Nein, es stimmt nicht" und warte auf ein anderes Wort.

D. Woran merkt man das, ob ein Wort stimmt oder nicht stimmt? Das wäre ein wichtiger Hinweis.

H. Ich weiß es nicht. Für mich ist es wie ein Geschmack, der aber nur deutlich wird, wenn ich selbst im Üben bin. Das Denken kommt dann aus der Tiefe der Empfindung.

D. Mir persönlich ist es ziemlich klar, ob ein Wort stimmt oder nicht. Dafür ist es bei mir wesentlich, dass es nicht aus dem vorher schon Formulierten kommt, sondern aus einem Horchen in das Unbekannte, in die Stille. Ich muss warten, bis es in diesem Horchen auftaucht.

H. Das merkst Du doch auch, wenn jemand ein Wort sagt. Du schmeckst, das ist wahr oder das ist nicht ganz wahr. Es kann noch so schön sein, aber es ist nicht ganz wahr.

D. Ich war gerade in einer Gruppe, die gemischt war aus Menschen, die schon viel Erfahrung hatten und solchen, die völlige Anfänger waren und noch nie in ihrem Leben so etwas gemacht hatten. Wenn ich da sehr von innen sprach, also sehr aus dem eigenen Erleben heraus, dann kamen gelegentlich Worte aus einer großen Tiefe und mit viel Gehalt, die aber den Anfängern überhaupt nichts sagten. Sie konnten damit nichts anfangen.

H. Wenn ich dem so nachspüre, merke ich, dass ich in so einem Fall anfangs sehr einfache Anweisungen bzw. Worte gebe, die aber nicht banal sein dürfen für die erfahrenen Übenden. So kann ich alle im Kreis ansprechen, alle zu ihrer eigenen Erfahrung einladen. Den Erfahreneren schadet es nichts und die Anfänger wachsen langsam nach in ihrem Atem- und Empfindungsbewusstsein. Ich empfinde es oft als richtiges Geschenk für die Anfänger, in die Atmosphäre der Menschen hinein genommen zu werden, die schon tiefer im Üben sind. Und gleichzeitig zu wissen, dass die Erfahrenen auch im Einfachsten in die Tiefe gelangen.

D. Bei mir kommt dann aus dem Wunsch, klar sein zu wollen, immer wieder der Impuls, ein bisschen mehr zu erklären, näher am Körperverständnis und etwas didaktischer anzusagen. Das hat natürlich auch seinen Platz.

H. Das ist gut. Jeder findet die Mischung nach seiner Art. Das ist gerade so schön an unserer Arbeit. – –

D. Ich lasse unser heutiges Gespräch gerade noch mal in mir nachklingen. Wenn jemand gar nicht weiß, was bei der Übung des Atems in der Gruppe geschieht, dann, so befürchte ich, weiß er es auch nach diesem Gespräch noch nicht. Ich glaube, wir müssen da nächstes Mal noch detaillierter hinschauen.

H. Ich habe den Eindruck, wir umkreisen den Kern, bis wir einmal ganz in die Mitte des Kerns treffen.

Nun ist es aber in Wahrheit so,
dass es nur umso mehr zu staunen gibt,
je mehr man erfahren hat.
Das Staunen wächst mit der Erfahrung
und es wird eindringlicher.

Elias Canetti

Fünftes Gespräch

Das Üben in der Gruppe

D. Wir haben uns letztes Mal über das Üben in der Gruppe unterhalten und ich wollte das weiterführen. Am Schluss hatten wir gesagt, dass wir letztlich immer noch nicht vermittelt haben, um was es dabei wirklich geht. Deshalb wollte ich nochmals grundsätzlich über die Arbeit in der Gruppe reden. Vielleicht fängst Du damit an, zu beschreiben, was Dir bei der Atemübung wichtig ist.

H. Wer kommt denn in eine Atemgruppe? Menschen haben von Meditation gehört, vielleicht auch in dieser oder jener Form Erfahrung damit gesammelt, sich auch in anderen Körpertherapien erfahren, und der Atem ist dabei schon aufgetaucht als Element. Nun entsteht der Wunsch, mehr darüber zu wissen.

Oft ist es anfangs ein Staunen, denn kleinste Angebote des Übens mit dem Atem können starke Wirkung haben. Vielleicht nur der Versuch, sich mit dem Atem zu verbinden, mit dem Kommen und Gehen, dem Ein- und dem Ausatem und vielleicht mit dem Warten auf das Wiederkommen des neuen Einatems. Also die Beobachtung eines inneren Vorgangs, der das ganze Leben über geschieht, meist unbewusst, unbeachtet und ungeachtet. Wir verbinden uns also mit dem Allerselbstverständlichsten. Viel kann dieser Versuch zeigen, vieles, wovon wir keine Ahnung hatten. Die bloße Aufforderung, uns in unserem Atem zu betrachten, ihn wahrzunehmen, kann uns ganz atemlos, nervös und unruhig machen.

Oder wir bemühen uns, ganz brav und ordentlich zu atmen, unsere Aufgabe sozusagen gut zu erfüllen, sind nach kurzer Zeit gelangweilt und hören auf, lassen uns zusammenfallen oder sitzen steif auf unserem Hocker, vielleicht mit dem Gefühl einer Zumutung.

Oder wir können unseren Atem empfinden und ihn in wacher Anwesenheit begleiten und fühlen uns danach erfrischt und gelöst. Mit all diesen Situationen wird man anfangs in einer Gruppe konfrontiert sein, gleichzeitig.

Nun geht es darum, den Menschen ihren Atem im spielerischen Üben, im übenden Spiel vertraut zu machen, ihn herauszulösen aus der Verhinderung durch körperliche wie seelische Unbewusstheit oder Störung. Ein Befreiungsweg beginnt.

Der Übungsweg

D. Was für einen Weg meinst Du?

H. Letztendlich ist es ein Weg aus der Unbewusstheit in ein bewussteres Sein. Aus der Zerstreuung in eine Sammlung, aus dem Außen in das Innere des Menschen. Der durchströmende Atem verbindet alle Wesensteile des Menschen, den Körper, die Seele und den Geist.
In eine Atemgruppe zu gehen heißt, sich auf einen echten Übungsweg zu begeben, nicht um einer Fertigkeit willen. Das Ziel bin ich selbst, – ich ganz. Das wird meist anfangs nicht gedacht, nicht gewusst, vielleicht irgendwann geahnt und dann, wenn die Zeit reif ist, in der Tiefe erfahren. Manchmal wird einem in großer Erschütterung eine Ahnung von Eins-Sein geschenkt. Auf dem Weg dahin ist oft Not, Verzweiflung und Ratlosigkeit, doch irgendwann geschieht, vielleicht wie durchscheinendes Licht, immer mehr ein Eindringen in das Wesen des Übens.
Wie schon erwähnt ist jeder der Übenden geprägt durch seine eigene Welt. Die Erlebnisse sind dementsprechend sehr verschieden. Es ist die Kunst des Atemlehrers, diese verschiedenen Welten gelten zu lassen und die Menschen wissend und liebevoll auf dem Entwicklungsweg zu führen. Das Üben im Atem ist von unendlicher Vielfalt, wenn wir schöpferisch sind, – vielleicht es immer mehr geworden sind –, um durch unsere Intuition und mit unserem Wissen dem Menschen die rechte Begleitung sein zu können.
Oft ist der Hinweis von großer Hilfe, sich zu trauen und zu wagen, keine Angst vor dem Falschmachen zu haben, sich dem Atemstrom zu übergeben. Das ist ein sehr anderer Zugang zum Üben als der des Wollens, des Ehrgeizes, der Kontrolle. Im Grunde geht es eher um ein Loslassen all dessen. Dem Atem kann man nicht mit dem Willen, dem Ehrgeiz und der Kontrolle nahe kommen, sondern nur in der zulassenden Hingabe an ihn.
Da wird deutlich, dass es ein Weg der Befreiung aus der festhaltenden Macht des Egos ist. Das Üben am Atem ist eine gute Weise, sich langsam aus dieser Umklammerung zu lösen und zu lernen, sich dem Lebensstrom zu übergeben. Wenn das erlebt wird, manchmal nur kurz, kann der Mensch das erste Mal bewusst erfahren: „Ich bin getragen, ich bin gehalten.“ Dies sind Momente gefüllt mit Berührtsein, Dankbarkeit und Staunen; Momente des Angeschlossenseins an etwas Größeres. Ein nicht mehr allein Sein; das Ahnen, dass der Atem einen emporheben kann aus der Ebene des Alltäglichen, dem Gesetz der Materie.
Das mögen kurze Momente sein. Hier wird es wichtig, allmählich die Kraft der Achtsamkeit zu stärken, um gewissermaßen in der „Verantwortung“ zu bleiben, im Anschluss an dieses bewirkende Element Atem: Mein Atem.

D. Nochmals diese Frage: Woran merke ich dabei, dass es Meins ist, dass ich sozusagen in dem mir ganz Eigenen bin, was wirklich zu mir und aus mir kommt? Hat das irgendeine besondere Qualität?

H. Ich sagte, Momente des Getragen- und Gehaltenseins. Ich fühle mich auf einmal in einer Einheit, außen fühlt sich an wie innen und innen wie außen. Ich weiß in diesen Momenten nichts mehr von Trennung. Dieses Erleben wird manchmal geschenkt, ist Frucht des Sich-Übens. Es ist nichts, was wir nun sozusagen in der Tasche mit nach Hause nehmen, was wir nun haben.
Der Atem ist ein großer Lehrer auf der Suche nach dem Hier und Jetzt. Wenn ich mich morgen wieder in die Übung gebe, kann alles anders sein. Ich kann nicht auf gestern zurückgreifen. Meine Verbindung mit dem Atem ist immer nur jetzt. Das ist für uns Übende oft schwer, erwarten wir doch so gern, dass wir etwas, was uns erfüllt und wohl getan hat, wieder genauso das nächste Mal erleben dürfen und sind enttäuscht, wenn das nicht geschieht.

D. Jetzt sprechen wir vielleicht dieses Üben genauer an. Wir haben gesagt, dass ein bestimmtes Setting, eine bestimmte äußere Struktur nötig sind, dass man in der Gruppe zusammen sitzt und manchmal auch liegt, dass die Augen geschlossen sind und dass man nach innen auf den Atem horcht.
Kannst Du etwas mehr über die Übungswege sagen, die von dem Leiter/der Leiterin angeboten werden. Du sagst, es geht nicht um richtig und falsch, nicht um Nachmachen. Aber dennoch machst Du Vorschläge, zum Beispiel Gewichtsverlagerung, Kreisen oder Schwingen.

Übungsbeispiele

H. Ja, als Erfahrungsangebote. Es geht darum, die Menschen mit diesen Vorschlägen wieder zu einer natürlichen Lebendigkeit und Spürsamkeit zu führen, mit einfachen Übungsweisen, in denen ihnen der Atem bewusst wird.
Wir haben immer wieder von Wachheit, Aufmerksamkeit, Empfindungsfähigkeit, Hingabe und Zulassen dessen gesprochen, was in dieser Verbindung mit dem Atem geschehen will. Das sind die Eingangstore.
Ich gebe ein kleines Beispiel, um das zu erklären: Ich dehne meine Hand aus der Handwurzel bis in die Fingerkuppen. Das kann ein ganz mechanisches Geschehen sein, isoliert, meine Hand ist allein. Ich mache etwas mit ihr, oder auch sie macht etwas.
Ein anderer Ansatz kann sein, ich begleite diesen Dehnungsvorgang mit meiner Empfindung. Ich erlebe die Öffnung meiner Hand zwischen Handwurzel und Fingerkuppen. Vielleicht spüre ich so etwas

wie meine Handmitte. Ich gebe mich in diesen Öffnungsweg hinein. Ich bin ganz in dieser kleinen Bewegung.
Auf einmal löst sich die Isolierung von „hier Hand" und „hier Ich" auf. Ich werde meine Hand. Was meiner Hand geschieht, geschieht mir. Diese Dehnung, in der ich jetzt ganz anwesend bin, entfaltet meinen Atem. Der Einatem weitet meinen Innenraum. Und jeder Einatem muss sich in Ausatem lösen. Jede Weite will und muss zurück schwingen in Lösung. Nur so kann Atem oder Leben fließen.
Die Verbindung zwischen Hand und Atem ist geschehen und somit die Verbindung zu mir selbst. Die weitende Hand löst sich zur rechten Zeit, so wie der Einatem sich zur rechten Zeit löst in den Ausatem. Je länger ich mich darin übend erlebe, desto fragloser geschieht Einheit zwischen mir und meiner Bewegung. Ich werde meine Bewegung.
– – –

D. Versuchen wir weiter, über den Übungsaufbau und die konkreten Angebote in der Atem-Gruppe zu sprechen! Obwohl es, wie Du immer wieder betonst, ja nie einen systematischen oder gar vorgeschriebenen Ablauf gibt, ist es doch sicherlich interessant, einzelne Elemente mehr im Detail zu besprechen.[22]
Wie mache ich es zum Beispiel, dass die Basis erfahrbar wird?

Die Basis und die Beine

H. Das ist ganz wesentlich bei der Arbeit auf dem Hocker. Es geht darum, zu lehren und zu lernen, im Sitzen in Kontakt zu sein mit den Füßen auf dem Boden und dem Gesäß auf dem Hocker, im Kontakt zur tragenden Basis. Wenn ich ein Haus baue, ist es wichtig, seine Basis zu sichern, den Boden, auf dem es steht. So ist es auch bei unserem „Atemhaus". Der äußere Boden, der tragende Grund muss bewusst sein und die Fähigkeit, sich von ihm tragen zu lassen, muss entwickelt werden. Im Inneren unseres Leibes haben wir eine Entsprechung dieses Grundes, den Beckenboden, der tragfähig und elastisch werden muss, um dem Atem in uns einen guten Halt zu geben. Das ist nötig für die Atemdynamik und die Reaktionsfähigkeit im Atem. Der freigegebene, zugelassene Atem durchschwingt dann den Basisraum unseres Leibes. Wir nehmen uns Raum in der Tiefe unseres „Hauses", unseres Atemkörpers.
Über der nun gesicherten tragenden Basis kann das Atembewusstsein in höhere Bereiche des Rumpfes gerichtet werden. Wir sprechen von Atemräumen in uns: Basisraum, Sonnengeflechtsmitte, Herzraum.

22 Beispiele für Übungssequenzen siehe auch: Gabriele Engert-Timmermann, „Hilfe zur Selbsthilfe. Kleine Hilfen mit Atem und Stimme", S. 57–78 in: „Atemwelten" hg. von Herta Richter, Wiesbaden 2005

Sie zu entwickeln und zu erkennen in ihrer jeweils unterschiedlichen Schwingung und spezifischen seelischen Aussage, ist ein möglicher nächster Schritt.
Wir erfahren dabei, wie alles mit allem zusammenhängt, wie es keine befreite Basis geben kann, wenn zum Beispiel die Knie beim Stehen durchgedrückt, die Fußgelenke fest sind, die Lende steif und hohl, die Schultern hochgezogen, die Kiefergelenke verklemmt sind und vieles andere mehr.
Es ist etwas sehr Wesentliches, diese Zusammenhänge zu erspüren. So wird das Anleiten und Unterrichten auch nie nur auf Spezifisches fixiert sein können, sondern es muss mit wachem Blick das bedingende und oft hindernde Umfeld mit ins Spiel bringen. Erfahrungs- und Entwicklungs-Angebote werden immer mit dem Atem verbunden. So verankert sich allmählich ein inneres Leibwissen in uns, das uns nicht verlassen wird. Es wächst mit der Zeit des Übens und Erlebens immer tiefer.

Aufrichtung durch die Mitte

Da ist nun die Basis gebaut. Wir beginnen dann vielleicht, sanft mit dem Rumpf zu schwingen, sitzend. Es ist eine Einladung für den Atem, aus der Tiefe des Leibes emporzusteigen in höhere Leibräume, die Seiten, die Leibmitte, die Nieren werden erreicht. Der Atem weitet diesen Raum der Mitte. Es ist ein Bereich im Zwischen von unten und oben, in dem es eine besondere Freiheit gibt. In der Basis und im Brustraum gibt es ja die knöcherne Umrahmung. Nur in der Sonnengeflechts-Mitte darf der Atem frei schwingen in der muskulären Wand, – wenn wir ihn lassen.
Doch leider ist hier die Durchlässigkeit häufig sehr eingeschränkt. Da, wo freie Brücke sein sollte, ist oft entweder harte Mauer, die trennt, oder Schlaffheit, an der jede Verbindung von unten nach oben scheitert. Erst wenn die Mitte frei schwingt, kann der Atem weiter hinaufströmen in den Brustkorb. Luftig und lebendig fühlt es sich an. Das ist nicht immer sofort möglich. Es bedarf der Übung, bis der Atem die inneren Räume erkennt und durchschwingt.

D. Könntest Du an dieser Stelle etwas mehr sagen über die Aufrichtung?

H. Mir kommt das Bild einer Blume, die eine Zeitlang ohne Wasser stand. Sie war vorher ganz gerade und aufgerichtet und knickt nun in sich zusammen und hängt zum Boden hin.
Also, um aufgerichtet sein zu können, braucht es inneren Halt, innere Kraft, inneren Saft. Das heißt, die von innen wirkende Kraft des Atems gibt dem Menschen Halt. Wieder ist es kein angelernter Halt im Sinne von „halte dich gerade“, sondern ein freies, schwebendes, getragenes und gehaltenes Aufgerichtet-Sein.

Diese innere Kraft ist verbunden mit der Tiefe und wirkt durch alle Bereiche des Leibes. Eine große Vielfalt von Übungsangeboten steht uns zur Verfügung, ohne festgelegt zu sein. Wir sprechen zum Beispiel von der Erfahrung der Vertikalen im Atem, also dem durch unsere vertikale Mitte wirkenden Atemstrom. Der aus der Leibtiefe nach oben strömende Ausatem hat eine deutliche Wirkung, aufrichtend und stärkend.
Aber auch der sich in die Tiefe senkende Ausatem-Strom kann diese Aufrichtung bewirken und in der Tiefe sichern: Aufgerichtet-Sein in der eigenen Mitte, aus den Fußsohlen, dem Becken, durch die Wirbelsäule bis zum Schädeldach. Verankert sein als Mensch zwischen Himmel und Erde. – – –

Der Brustraum

D. Gehen wir weiter. Was ist mit dem Brustkorb?

H. Wir nennen ihn auch Rippenkorb. Durch die großartige Anordnung der Rippen mit ihren gelenkigen und muskulären Verbindungen, die Aufhängung des Schultergürtels, seine untere Begrenzung durch das Zwerchfell – den großen Atemmuskel – bietet er gleichzeitig Schutz und Raum für Herz und Lunge. Und nur durch diesen Schutz und Raum sind ihre lebenswichtigen Funktionen gesichert. Das ist nicht nur eine statische Situation, sondern eine dynamische, die abhängig ist vom frei fließenden Atem. Und dieser ist wiederum abhängig von der Art und Weise, in der wir in unserem Körper leben.
Zwischen den Rippen befindet sich ein Teil der Atemhilfsmuskulatur, die aushilft, wenn die zuerst verantwortlichen Komponenten für die Atembewegung nicht oder nicht mehr ihre Arbeit tun. Das geschieht, wenn der untere Boden des Brustraums, das Zwerchfell, nicht mehr schwingt, wenn die Bauchdecken schlaff oder gespannt sind oder der Bauch zu voll ist und damit das Zwerchfell nach oben drückt. Da sind vielerlei Gründe, die den freien Fluss des Atems hindern und damit gerade den notwendigen Raum im Brustkorb nicht gewährleisten.

D. Gibt es für diesen Bereich und diese Probleme besondere Übungen?

H. Ich sehe da zwei verschiedene Ansätze: Das Arbeiten an der Elastizität des Brustkorbs, an der Befreiung der Zwerchfellschwingung, um damit die Trennung zwischen Brust- und Bauchraum aufzuheben. Der andere Ansatz ist, zu finden, was hinter den Verhinderungen steht. Warum sind sie in dem Körperraum entstanden, in dem Lunge und Herz miteinander leben.
Der Atem ist nicht nur – wir haben schon darüber gesprochen – eine vegetative Funktion, sondern auch dem menschlichen Willen zugäng-

lich. Der ist aber nicht immer in gutem Einverständnis mit den körperlichen Möglichkeiten und noch weniger mit den menschlichen Grundbedürfnissen. So kann es zu einer Überforderung kommen, die nicht mehr aufgefangen werden kann durch eine entsprechende Reaktionsfähigkeit im Atem. Anstrengung und mögliche Dekompensation sind das Resultat. Und das hat vielerlei Auswirkungen. Schon die Körpersprache macht deutlich, wie wir betroffen sind.
Gerade der Brustkorb spricht deutlich. Viele Menschen erleben ihren Atem erst, wenn er schon ein Fehlatem ist, das heißt, wenn sie nur oben in der Lunge atmen, im Brustkorb. Die meisten denken ja an die Lunge, wenn man von Atem spricht, an den Gasaustausch in der Lunge.

D. Aber es geht um die Schwingung und die Schwingungsfähigkeit.

H. Die Schwingung, die durch den ganzen Körper zieht, das ist eine Erfahrung, die man unbedingt zuerst anbieten muss, vor allem in unserer Kultur, in der so wenig Atem-Bewusstsein ist.
In den oberen Bereichen unseres Körpers sind wir am meisten sichtbar, Kopf, Gesicht, Brustkorb. Wir müssen uns dort zeigen. Wenn wir nicht aus einer tiefer verwurzelten Kraft gespeist und getragen werden, um den Anforderungen des Lebens gerecht werden zu können, fangen wir an, uns anzustrengen, und das zeigt sich oben. Wir sind nicht angeschlossen an unsere wirkliche Kraftquelle in der Tiefe und brauchen unseren Willen. Das Zwerchfell, das im günstigen Fall kraftvoll, sanft und elastisch in der Mitte des Leibes schwingt, wird festgehalten. Es wird hart und wird von den Atemhilfsmuskeln, die sich im Brustkorbbereich befinden, entthront. Der Atemfluss wird gestört.
Wir kennen die verschiedensten Bilder in einer solchen Situation: Harter Rippenkorb, gehaltene, oft hochgezogene Schultern, fester Nacken, verbissenes Gesicht, kämpferisch, angestrengt. Das kann sich dann irgendwann umkehren. Alles, was in der Anstrengung gehalten werden konnte, wird müde, schlaff, ohne Elastizität. Der Weg aus der Überspannung geht also folgerichtig in die Unterspannung. In dieser Art zu leben gibt es keine Erholungsphase. Das Leben hat keinen Rhythmus mehr.
Während ich das sage, finde ich es ziemlich erschreckend, wie viel mehr Menschen wir in so einer Verfassung begegnen, als gelösten, freien, schwingenden, fröhlichen Menschen. In solcher Spannung kann doch keine wirkliche Fröhlichkeit leben. Da wird der seelische Mensch sichtbar: Angst, Scheu, Zurückgenommensein, Vorsicht, Härte, Abwehr, Stolz und vieles mehr. Das alles zeigt sich im „oberen Menschen“, in Brustkorb, Rücken, Hals, Nacken und Gesicht.

Schultergürtel und Arme

D. Wie gehst Du damit um beim Üben? Was bietest Du an?

H. Hier ist unter anderem die Arbeit am Schultergürtel, an den Schulterblättern nötig: Immer wieder das Schwingen der Arme um den Rumpf, die Diagonalen. Das Zwerchfell wird bewegt und angeregt, sich zu lösen und mitzuspielen. Es stärkt sich. In dieses Schwingen werden die Wirbelsäule und der Nacken, die Verbindung zum Kopf, hineingenommen. Die ganze Wirbelsäule ist eine Bewegungseinheit vom Steißbein bis zum Kopf, – ja, von den Fußsohlen bis zum Kopf. Der Hinterhauptsansatz und die Kiefergelenke werden aus dem Festhalten gelöst, die Bewegung kann durchfließen. Spätestens hier stellt sich ein Gähnen ein, das bis in die Tiefe des Leibes hinunterwirkt und dadurch auch wiederum Atemraum schafft. So entsteht allmählich ein zusammenhängendes Ganzes. Alle Räume verbinden sich miteinander. Die Türen öffnen sich zueinander. Das Leben strömt durch alle Bereiche und verbindet sie. Eine Ahnung von *Ich bin* taucht auf. – – –

D. Du arbeitest auch mit den Armen und Händen?

H. Ja. Wir legen zum Beispiel die Hände in die Luft, in den Raum vor uns, und sie beginnen ein Spiel aus ihren Gelenken. Dieses Lösen in den Gelenken löst den Atem. Im Allgemeinen halten wir uns ja in den Gelenken selbst fest. Lösen wir uns in ihnen, wird Atem frei, kann frei schwingen. Es beginnt ein Spiel in der Luft zwischen Händen und Atem. Der Atemraum, der im Inneren begrenzt ist durch die Leibwände, bekommt einen Umfeldraum, in dem die Atemschwingung wirkt. Wenn wir uns nun mit dieser Schwingung verbinden, entsteht ein Bewegungsspiel innen und außen. Atem und Bewegung wirken ineinander und befruchten sich, werden Ausdruck des Wesens. So kann über Hände und Arme ein unendliches Spiel mit unendlichen Formen entstehen: Der Mensch spielt sich. Das ist ein Erlebnis großer Tiefe und Glückseligkeit, in absoluter Wachheit.

D. Man erlebt dabei, dass man mit einer tieferen Schicht verbunden ist.

H. Es ist interessant, den Übenden zuzuschauen, wenn du gelernt hast zu sehen. Hier ist noch Trennung zwischen Innen und Außen, ein Wollen aus der Vorstellung heraus. Dort ist ein vorsichtiges Tasten in der Angst, es nicht richtig zu machen. Und dann kannst du erleben, dass jemand sich dem Spiel mit dem Atem überlassen hat, wach und selbstvergessen. In den einzelnen Stadien fühlst du manchmal ganz unterschiedliche Welten des Daseins. – – –

Der Kopfraum

D. Nachdem wir jetzt aus didaktischen Gründen fast systematisch durch den ganzen Körper gegangen sind, wie wir es im Üben ja eigentlich nie tun, sollten wir vielleicht noch über den letzten wichtigen Bereich sprechen, nämlich den Kopfraum. Oft fängst Du im Üben mit der Nase an, aber auch das ganze Gesicht und der Hinterkopf spielen eine große Rolle. Was erleben wir im Üben in diesem so wesentlichen Raum?

H. Wenn wir den Kopfraum in unser Bewusstsein nehmen, sind wir sofort in der Mitte unseres Gesichts bei der Nase. Luft strömt ein, weitet sie, durchströmt sie und setzt sich fort als Atem in uns, der in uns schwingt, entsprechend unserer Fähigkeit ihn einzulassen. Öffnen wir uns in unserem ganzen Gesicht für die Luft, –so als ob sich die Nase über das Gesicht ausweitet –, dann wird der Kopfraum erfüllt von Schwingung. Er wird zum Atem-Empfindungs-Raum.
Je nachdem wohin wir uns dann von innen wenden, öffnen sich in den verschiedenen Strukturen unterschiedliche bewusste Räume: Die Hinwendung unter das Schädeldach, hinter die Augen, hin zu den Ohren, in den Mund-Rachenraum, zum Kopfgrund. Kehle und Kehlgrund werden deutlich, der Übergang vom Nacken zum Kopf, der Hinterhauptsansatz und mittendrin das Hinterhauptsloch. Dort werden wir vielleicht verstehen und erfühlen können, warum die Inder diese Stelle „Mund Gottes“ nannten. Öffnen wir uns hier, um Seine Sprache zu hören!
Eine andere Erfahrung eröffnet sich, wenn wir über den Nasenrücken zur Stirne streichen, etwas oberhalb der Nasenwurzel. Diese Stelle wird das Dritte Auge genannt. Unsere zwei Augen haben in der Atem-Bewusstseins-Arbeit schon gelernt, zu schauen und nicht nur zu sehen. Sammeln wir uns dann atmend an der Stelle des Dritten Auges, – hilfreich sind dabei unsere aus etwas Abstand hingewandten Fingerkuppen –, kann sich unsere Atemschwingung in unser Innerstes hinein senken. Schauen nach Außen, – Schauen nach Innen, – verbunden mit dem Kosmos.
Die Empfindung für das Schädeldach und den Raum unter ihm kann mit der Zeit des Übens Atem-, Bewegungs- und Schwingungsraum ganz durch uns durch bis in die Fußsohlen hinein öffnen. – Die Augen lösen sich aus ihrer Spannung, die oft ganz unbewusst ist. Der weite Raum zwischen den Ohren bettet die Augen noch mehr ein und schenkt gleichzeitig wiederum eine Ahnung von „Schauen“.
Die Empfindung für Mund-, Rachen- und Kehlraum wird nur möglich, wenn die Zunge und die Kiefergelenke freigegeben werden können. Sie setzt neben dem Raumbewusstsein im Kopf dann Schwingung im gesamten Leib frei. – Wenn wir immer tiefer gehend zum Übergang vom Kopf zum Nacken kommen, werden wir manchmal, fast wie ein

Wunder, Lösung in der Kehle erleben, die sich in einem Gähnen zeigt, das wie aus der Tiefe des Beckens, des Beckenbodens emporsteigt, erlösend und befreiend. Beckenboden –, Zwerchfell –, Kehle: alle drei Segel schwingen zusammen. – – –

Substanzerfahrung

D. Für mich ist ein weiteres ganz besonderes Element beim Üben die Arbeit mit dem Raum zwischen den Händen, der sich bildet, wenn die Handflächen in verschieden Bereichen einander zugewandt gehalten werden. Magst Du dazu etwas sagen?

H. Du hältst zum Beispiel die Hände seitlich neben das Becken in etwas Abstand. Empfindend sammelst du dich in den Raum zwischen den Händen. Der Becken-Atemraum erweitert sich nach außen bis zu deinen Händen. Der Atemkörper ist ein anderer als der materielle Körper, und er ist ganz real, du erfährst ihn. Für mich erscheint er immer wieder wie ein Raum, der über den Körper hinaus geht und doch ganz meiner ist, vielleicht wie der Bereich der Aura.

D. Es ist mit einem sehr intensiven Empfinden verbunden. Es ist etwas sehr Reales und mir fällt das Wort „Wesensstoff“ dazu ein. Das zu spüren, ist natürlich ein fundamentales Erlebnis. – –
Ich erinnere mich an das zweite Buch von Ilse Middendorf[23], in dem sie ausführlich auf die „Substanz“ im Atem eingeht. Wenn ich es richtig erinnere, versteht sie darunter eine Verleiblichung des Göttlichen, die in der erfahrbaren Atemempfindung geschieht. Wie siehst Du das?

H. Ich denke, alles an und in uns ist eine Verleiblichung des Göttlichen, jede Zelle, jede Schwingung.
Wenn wir uns zum Beispiel zwischen unsere beiden zueinander gewandten Hände in unserer Empfindung und Sammlung atmend einfinden, geschieht da nicht ein Erleben von Verdichtung durch die Begrenzung des Raumes, der dem Atem angeboten wird? Je kleiner und begrenzter der Raum, desto dichter wird das Atemempfinden. Das gibt ein Spüren und Erleben von Substanz. Die Atemschwingung erscheint substanzieller, erfüllender.
Das erfahren wir ja in vielerlei Übungsweisen. Immer, wenn unsere Hände von außen zum Körper hin luftigen Zwischenraum anbieten, in den wir uns spürsam und Atem zulassend hineinbegeben. Das können

23 Ilse Middendorf, „Der erfahrbare Atem in seiner Substanz“, Junfermann Verlag, Paderborn 1998

beispielsweise die Hände im Abstand vor dem Leib, vor dem Herzen oder vor dem Gesicht sein. Immer wird so etwas erspürt, das sich wie Substanz anfühlt.
Es ist in diesem Zusammenhang interessant, dass wir von „Atemräumen“ sprechen. Bei dem Wort meint man, das ist ein Raum, in dem nichts anderes ist als Atem. Doch innerhalb dieser Räume sind natürlich auch Organe, die Räume sind also materiell besetzt. Und doch ist die Erfahrung im Atem völlig anders.

D. Es sind Empfindungsräume. Es ist voll von Empfindung.

H. Empfindungsräume, die mit der materiellen Gegebenheit wenig zu tun haben.

D. Ja, die auch keine klaren Grenzen haben, die anatomisch überhaupt nicht fixiert sind. Und es sind Anwesenheitsräume.

H. Das ist ein sehr guter Ausdruck: Anwesenheitsräume. – – –

D: Gehen wir nochmals in das Systematische, auf das ich heute aus didaktischen Gründen besonders achten wollte.
Es wird manchmal am Boden geübt, liegend, manchmal auf dem Hocker und manchmal im Stehen oder Gehen. Kannst Du darauf eingehen, in welchem Zusammenhang das jeweils sinnvoll ist, was es bewirkt und auf was Du bei den einzelnen Übungsformen besonders achtest.

Die Arbeit am Boden

H. Wir beginnen die Ausbildung vorwiegend am Boden übend. Das erste Trimester ist bei uns das „Boden-Trimester“. Es gibt den Menschen die Möglichkeit, wirklich erst mal loszulassen. Da ist der Boden, der tragende. Sie kommen müde und dürfen sich legen und sich einfach räkeln, dehnen und gähnen und lernen, sich zu überlassen.
Sie genießen das Animalische, das Kind-sein-Dürfen. Nicht alle jedoch, manche Menschen sind so fremd in ihrem Körper, dass sie nichts spüren und ihnen zu einem solchen Angebot nichts einfällt. Sie sind einfach gewohnt, dass man ihnen alles sagt und erklärt. Da ist es besonders gut, sie langsam an die Sehnsucht und die vergrabene Lust des Körpers heranzuführen.
Und es gibt Menschen, denen das Liegen auf dem Boden Angst macht. Wenn wir das erleben, ist es sicher notwendig, mit einem solchen Menschen darüber zu sprechen und ihm unter Umständen nahe zu legen, diese fundamentale Angst genauer anzuschauen, eventuell auch in berufener therapeutischer Begleitung.

Die Arbeit am Boden ist also eine Einladung, sich ganz animalisch zu spüren und sich darin wieder zu entdecken. Erstaunlich, dass es für viele Menschen eine Arbeit bedeutet, dorthin zu gelangen.

D. Was hat der Atem damit zu tun?

H. Je mehr ich mich dem Boden überlasse, je weniger ich in dem gewohnten mich selbst halten Müssen bleibe, desto mehr löse ich mich, und dann fließt mein Atem freier. Nach einer Weile erlebe ich vielleicht, wie durch mein Erspüren des tragenden Bodens unter mir Atem einströmt und meine Verbindung zum Boden lebendig werden lässt. Der Raum im Rücken unter mir fühlt sich tief und weit an. Ich fühle, ich bin getragen. Ich habe Raum. Auch hier sind wir wieder in diesem Empfindungs- und Anwesenheits-Raum. Das ist keine Illusion, sondern ein ganz reales Erleben.

D. Arbeitet ihr denn am Boden auch mit den unterschiedlichen Leibräumen, also erst Basis und dann Brustraum etc.?

H. Es ist richtig, dass auch im Liegen das Abgeben des Beckens, der Beine, der Füße zuerst gelingen muss, bevor andere Bereiche sich abgeben können.
Die Arbeit am Boden ist sehr vielgestaltig. Wie gesagt, ein wichtiges Ziel ist, den Menschen wieder zu seinem Körper zu führen und ihn wieder spielen zu lehren. Um das anzuregen, musst du als Anleitende selbst spielen können, Freude daran haben.

D. Die Arbeit am Boden ist besonders spielerisch?

H.: Ja, weil du dein Kind in dir entdeckst, weil du wieder Kind sein darfst, wenn du es erst mal wagst.
Ich möchte das Kapitel Bodenarbeit nicht beenden, ohne einer Frau zu gedenken, von der ich sehr viel lernen durfte. Diese Frau hieß Ruth Menne[24]. Sie war eine sehr feine Atemtherapeutin, Schülerin von Gerda Alexander, und arbeitete in einer Frauenklinik in Villingen mit schwangeren Frauen. Mit viel Erfahrung und Wissen, Humor und Natürlichkeit bereitete sie die Frauen auf die Geburt des Kindes vor. Leider ist sie viel zu früh gestorben. Ich habe das von ihr Gelernte in meiner Weise weiterentwickelt und es noch mehr mit der Empfindung für den Atem verbunden. Seit langem überzeugt mich die tiefe Wirkung dieser Arbeit.

24 Ruth Menne, 1913–1986, entwickelte eine ganzkörperbezogene Geburtsvorbereitung, die heute als Menne-Heller Methode bekannt ist.

D. Bei mir ist es so, dass ich am Boden weniger die Wachheit halten kann.

H. Das ist manchmal anfangs so. Aber du musst damit rechnen, dass Menschen oft müde sind, und dass dies eine Einladung sein kann, zu schlafen, bis die Fähigkeit, wach zu sein, gestärkt ist. Ich habe nie gegen das Einschlafen gekämpft. Da schnarcht mal einer in einer Ecke, dann lasse ich ihn schnarchen, der wacht schon wieder auf. Überarbeiteten Menschen oder denen, die nachts schlecht schlafen, kann das passieren, in der Behandlung und auch beim Üben auf dem Boden. Hier haben sie Schutz und sind geborgen.

D. Du sagtest, dass jede Ausbildung am Boden anfängt, weil das am ehesten zu diesem Lassen, zu dem Loslassen einlädt. Ist das der Hauptgrund?

H. Ja, und ich würde es noch ausweiten, weil es uns an die Basis führt, an die Basis unseres Lebens. Allerdings ist diese Arbeit auch ganz notwendig, um den Körper durchzuarbeiten, das Gefühl für einen befreiten Körper zu ermöglichen. Ja, wie gesagt: Kind zu sein, liegen dürfen, spielen und kriechen dürfen, mehr Erlaubnis haben, noch nicht sitzen und stehen müssen.
Ich habe nie Schwierigkeiten gehabt, Menschen vom Liegen auf den Hocker zu bringen. Das hängt davon ab, ob Du selber sitzen kannst und weißt, was es bedeutet. Dann wird der Schritt zum Hocker nicht schwer sein, auch für deine Schüler.

Üben auf dem Hocker

D. Für Viele ist das ja am Anfang sehr anstrengend, dieses auf dem Hocker Sitzen. Die meisten sind entsetzt, auf dem Hocker sitzen zu müssen.

H. Ohne Lehne.

D. Kannst Du sagen, warum das wichtig ist, dass es ein Hocker ist.

H. Das ist das Sitzen in der Rechtwinkligkeit. Die Füße auf dem Boden, das Gesäß auf dem Hocker und darüber der aufgerichtete Rumpf. Die Bauchorgane sind frei, das Zwerchfell kann schwingen, die Wirbelsäule ist aufrecht.
Das ist oft für Menschen ungewohnt. Wir lehnen uns gern an. In vielen Übungsangeboten wird die Atemkraft im Sitzen gestärkt, so dass der Atem das freie, aufrechte Sitzen trägt. Die Kraft der Tiefe, die freie Schwingung im Rumpf, die sich lösenden, senkenden Schultern, der sich streckende Nacken, das emporwachsende Haupt. Hier sind wir

wieder am Thema Aufrichtung, die den Halt von innen hat, aus der Tiefe der Atemkraft. Da braucht es keine äußere Lehne mehr.

Stehen und Gehen

D. Üben im Stehen und Gehen, ist das auch wichtig?

H. Ganz wichtig. Zuerst liegst du mit dem Rücken auf dem Boden, dann sitzt du und dann stehst du. Die Unterlage unter dir wird immer kleiner. Das sind alles Schritte zur ganzen Aufrichtung. Stehen zu lernen ist oft Arbeit. Mit beiden Füßen stehst du auf der Erde. Aber stehst du wirklich? Woher kommt der Halt des Stehens? Er kann nicht vom Boden allein kommen. Wirklich stehen heißt ja nicht, sich am Boden festzuhalten. Wie lehrreich ist es, Kindern zuzuschauen, wie sie sich selbst Stehen und Gehen beibringen. Das Stehen hat immer eine kleine Schwingung, eine Bewegung in sich, eine Gefahr, ein Spiel um die Vertikale, die Aufrichtung, das Lot.

D. Warum ist das Lot überhaupt so wichtig?

H. Was ist das Lot denn eigentlich? Es wird erfahren, wenn Bewegung in der Aufrichtung ganz allmählich in die Ruhe einschwingt und zu ihrer Zeit dort ankommt, wo die Empfindung ein Gehalten- und Getragensein ohne Anstrengung, ohne eigenes Tun wahrnimmt. In der Bewegung zum Lot hin sammelt sich der Atem immer tiefer und dichter in den Leibraum. Lot ist vom Atem getragene, gehaltene Aufrichtung.

D. „Ich bin im Lot", sagt man.

H. „Ich bin ganz aus dem Lot gekommen."

D. Das hat viel mit der Mitte zu tun.

H. Das Lot ist die vertikale Mitte. Ein Mensch ist in seinem Lot. Er ist aus einer Unruhe in die Ruhe eingependelt, aber immer mit der Nähe der Unruhe. Es ist also nicht eine statische, sondern eine labile vertikale Mitte.

D. Werfen wir einen Blick auf das Gehen. Nimmt das Raum ein im Üben?

H. Das Gehen ist ja der Umgang mit ständigen kleinen Dosierungen von Verunsicherungen. Ein Fuß setzt sich nieder, der andere hebt sich schon hoch. Du verlässt die Sicherheit des Stehens und bewegst dich fort. Immer muss sich das Gewicht verlagern, das ist eine ständige

Gleichgewichtsübung. Und Gleichgewichtsübungen sind die besten Atemübungen.
Wenn dein Atem nicht mitschwingen kann in die Bewegung, die ganze Bewegung, dann kannst Du eigentlich nicht gehen, dann bist du unsicher und ohne Halt. Du musst dich von außen halten. Bist du aber so in Achtsamkeit mit der Bewegung des Gehens verbunden, dass dein Atem mit dir mitschwingt, dann wächst dir der innere Halt, der sich im Atem in deiner Leibbasis bildet, wie eine Kraftquelle zu. Diese Kraft, im Japanischen auch Hara-Kraft genannt, hält und trägt das Gehen. Aus ihr heraus kann man sich in das Wechselspiel von Entsicherung und Sicherung einlassen.
In der Übung des Gehens erfährst du eine immer deutlichere Kraft der Aufrichtung. Ich nenne die Entwicklung dahin gerne: „Je tiefer, umso höher". Je tiefer mein Fuß sich zum Boden hin senkt, je tiefer ich diesen Schritt begleite, in gesammelter Achtsamkeit, desto stärker wirkt die aufrichtende Kraft. Du gehst zwischen Himmel und Erde. – – –

Arbeit mit der Stimme

D. Reden wir noch über die Arbeit mit der Stimme. Das ist ja ein Teil des Übens in der Gruppe, oder bietest Du das auch in der Einzelarbeit an?

H. Ja, manchmal auch in der Behandlung, aber dann fast nur mit dem Summen. Es kann mir in der Behandlung helfen bei Menschen mit sehr unbewusstem Atem, die in keinen Atemkontakt mit meinen Händen kommen können. Da ist oft noch viel zu viel Trennung, noch wenig Fühlfähigkeit, manchmal Angst. Der Atem läuft wie nebenbei. Das Summen kann hier eine Empfindung für den Ausatem bringen. Es ist wie eine Schiene für das Strömen des Ausatems im Leib, die sich in dieses unbewusste Geschehen einschiebt. Der Ausatem wird dadurch deutlicher, wird mit der Zeit länger, weil das Summen nach der ersten Scheu vielleicht Spaß macht. Er wird kraftvoller, die Stimme freier, klingender, der Körper wacher, bewegter.
Mit der Entwicklung des Ausatems geschieht auch eine Veränderung des Einatems. Der Ausatem landet immer deutlicher an der Grenze eines Widerstands, die Bauchwand wird von ihm nach innen gezogen bis zu diesem Widerstand hin. Aus diesem Kräftespiel zwischen strömendem, tönendem Ausatem und Bauch-, Beckenmuskulatur bildet sich der Impuls für einen neuen Einatem.
Je kraftvoller der Ausatem wird, desto selbstverständlicher wird die Kraft auf den folgenden Einatem übertragen. Mit der Zeit findet der Atem, der Ton, ein Bett in dir. Der Atem rückt mehr in das Bewusstsein des Patienten, er wird leiblicher und gleichzeitig seelisch erlebt.
Ich begleite das manchmal mit Worten: „Vielleicht spürst du, wie dein Atemstrom deutlicher wird, wie die Stimme mehr klingt. Gib noch

mehr Ton hinein, spür, wie er dich durchdringt, wie eine strömende Kraft, die an dir arbeitet, an deinem Körper, und ihn dadurch zum Klingen bringt. Lass dich noch ein bisschen mehr durchsummen. Merkst du, wie der Ton schöner wird, länger wird? Wenn er ausgeklungen ist und du keine Eile hast, dann spürst du vielleicht, wie es ein bisschen dauert, bis du wieder einatmen kannst. Du musst nicht mehr nach Luft schnappen. Leg mal deine Hände auf den Bauch. Im Ausatem haben sich die Bauchwand nach innen und das Zwerchfell nach oben bewegt. Die müssen wieder von ganz allein bereit werden, dem nächsten Einatem Raum zu geben, sich wieder zu lösen, zu weiten und zu straffen. Das dauert eine Weile. Lass das geschehen. Du hast keine Eile.“ – So ähnlich könnte es im Rahmen einer Behandlung sein, allerdings in kleinen Dosierungen.

D. Ist es in der Gruppe auch so, dass es in der Arbeit mit der Stimme im Wesentlichen um den Ausatem geht?

H. Der Ton ist natürlich an den Ausatem gebunden. Beginnen wir mit den Vokalen. Jeder Vokal hat seine ihm eigene Stromrichtung und ebenso seinen ihm eigenen Klangraum. Wir müssen die Fähigkeit des Zulassens und des Differenzierens schulen. Die Atemerfahrung mit einem Vokal wird mir leichter, wenn ich ihn erst einmal stumm auf den Ausatem lege. Ich lerne zu spüren, wie dieses Strömen sich unterschiedlich vollzieht. Wenn der Ausatem mich dann ganz verlassen hat, habe ich keine Eile, denn der nächste Einatem kommt von allein. Und nur dann hat er noch alle Erinnerung an den Vokalstrom und -Raum. Nach einer Weile geschieht es dann meist ganz unwillkürlich, dass die Hände das Strömen des Vokal-Ausatems und auch den Raum des sich formenden Vokal-Einatems in sich aufnehmen und in Bewegung gestalten.
Dabei ist die Wirkung der einzelnen Vokale ganz unterschiedlich. Der Mund gibt dem Ausatem jeweils den Widerstand oder die Öffnung des gewünschten Vokals. Der Ausatem durchdringt zum Beispiel den O-Mundwiderstand und wird durch diesen O-Mund geformt in seinem Strömen. Die Kehle öffnet sich entsprechend, der Atem kann stumm in O-Form ausströmen. Der geformte Atem verdeutlicht dadurch im Inneren des Leibes einen ganz bestimmten Atemraum, dem das O zugeordnet ist. Ist das O ausgeströmt, findet der Einatem ganz selbstverständlich den vom O-Ausatem bereiteten Raum. So ist es bei allen Vokalen und bei jedem entsteht eine andere Stromrichtung und ein anderer Strömungsraum, eröffnet sich jeweils ein anderer Innenraum.
Das geht natürlich nicht so schnell. Eine ziemlich lange Zeit werden die Vokalräume nicht deutlich erkannt. Aber wenn wir geduldig dabei bleiben, kommt es. Es ist eine Arbeit an der Durchlässigkeit und an

der Differenzierungsfähigkeit im Körperempfinden. Als sehr hilfreich empfinde ich dabei die Begleitung durch die Hände, dem Vokal-Ausatem folgend, dem Einatem Raum gebend. Man kann sofort verstehen, dass das A eine andere Gebärde eröffnet als das U zum Beispiel oder das I. Mit der Zeit klären sich die Wirkungsbereiche, die Räume und die Klänge der verschiedenen Vokale.
Wichtig ist, dass wir verstehen, dass nicht wir etwas so oder so machen, sondern dass diese Vokalformen oder -klänge mit ihren Gebärden an uns arbeiten, wenn wir sie nur lassen.

D. Ich denke da an das OM (Aum), diesen wunderbaren Klang, den viele Menschen als Mantra leise oder laut tönen. Er wird meinem Wissen nach von Hindus und Buddhisten als der Urklang beschrieben, als der erste Atemzug der Schöpfung. Sie meinen, dass das Singen dieses Klangs das Göttliche im Menschen zum Schwingen bringt. – – –
Kannst Du noch etwas eingehen auf die Konsonanten, das Summen oder Tönen von Konsonanten?

H. Sie gehören zu den Vokalen. Sie sind Verbinder, „Mitklinger", Differenzierer und Trenner. Jeder Konsonant hat seine eigene Wirkung. Auch hier gilt es, das Bewirkende zuzulassen und das zu erforschen, was durch die immer wieder sehr verschiedenen Mund-, Zungen- und Lippenstellungen dem Fluss des Atems entgegengestellt wird. In der Übung mit ihnen wird mir immer am deutlichsten, wie sehr uns unsere Sprache formt und wie wichtig unsere Sprache für unsere körperliche, intellektuelle und geistige Entwicklung ist. Darum gehört die Achtsamkeit auf die Sprache der Schüler unbedingt in eine Ausbildung von Atemlehrern. Dann kann sie wie ein Heilmittel wirken.
Da wir schon bei dem Kapitel Stimme sind, möchte ich noch eingehen auf das vielleicht Schönste in diesem Zusammenhang: Wir sitzen im Kreis zum Üben, eine kleine Schwingung zieht durch den Rumpf, der wir uns überlassen. Zur rechten Zeit lassen wir uns summen und auch dem Summen überlassen wir uns. Die Tonhöhen wechseln wie von selbst, wir werden wach und dabei selbstvergessen. Vielleicht sage ich: „Entsteht ab und zu ein Klang, in dem ihr euch zu Hause fühlt, ganz zuhause, dann bleibt bei ihm und in ihm." – Interessant ist, zu erwähnen, dass es Menschen gibt, die diesen eigenen Zuhause-Klang nicht finden, nicht erkennen. – Doch wenn der Zeitpunkt da ist und er geschieht ihnen, dann kann das mit einer großen seelischen Erschütterung einhergehen. – – –

Wandel in der Arbeitsweise

D. Zum Abschluss dieses langen Gespräches können wir vielleicht noch anschauen, wie sich Deine Arbeit in der Gruppe, das Üben in der Gruppe, im Verlauf der Jahre verändert hat. Da ist ja sicher viel geschehen, die Schwerpunkte haben sich vielleicht verändert und auch die Art, wie Du anbietest.

H. Die Arbeit hat sich natürlich verändert, so wie ich mich verändert habe auf meinem Entwicklungsweg in meine eigene Freiheit. Das Vertrauen in ein tieferes Wissen wuchs mit dem immerwährenden neuen Fragen nach der Wahrheit und mit dem Wissen um den ständigen Wandel. Dieses schenkt einem die Freundschaft mit dem Atem.
Wenn ich hier hineinleuchte in das Ausbilden, – über das wir ja das nächste Mal ausführlich sprechen wollen –, kommt mir immer wieder die Frage: Wie kann ich das wagen und was kann ich wirklich dabei anbieten?
Ich kann meine Liebe zum Atem anbieten, meine Überzeugung, mein Wissen, meine Authentizität. Ich kann Schritte lehren, mit dem Atem sinnvoll umzugehen, Handwerkszeug und Erfahrung übermitteln. Ich kann durch die Art meines Verständnisses vielleicht die Sehnsucht wecken nach dem Wesentlichen, das der Atem eröffnen kann und Mut machen, sich vor der Unsicherheit nicht zu fürchten. Denn ich selbst habe begriffen, dass ich in diesem Leben nicht mehr gesichert sein werde.

D.: Und wenn Du Dich dann in diese Unsicherheit, dieses Nichts, hineinwirfst?

H. Dann fühle ich, dass ich getragen bin. – – –

D. Hat sich das Wollen mit der Zeit verändert, das, was Du in der Gruppe möchtest?

H. Ja, ich arbeite viel weniger thematisch als früher und ohne festgelegte Abläufe. Meine Seminare sind manchmal ganz offen ausgeschrieben: „Atmen mit Herta Richter“. Für mich heißt das, Schöpfen aus dem Moment. Sich treffen im Hier und Jetzt.

D. Früher war da noch ein anderes Wollen?

H. Ich war noch mehr am therapeutischen Handeln interessiert. Ich wollte noch viel verändern, tun. Aber ich war schon immer geführt vom Atem. Mit der Zeit zeigte er mir seine selbstwirkende Kraft. Ich brauchte nicht mehr so viel zu machen. Das Tun und verändern Wollen wurde ausgetauscht mit Geduld und Liebe.

D. Ich denke, Du warst immer wie Du gerade warst, – eben authentisch. Das warst Du schon immer.

H. Das glaube ich auch.

D. Das war wahrscheinlich das Fundamentale.

H. Ich habe nie etwas vorgemacht und war fähig, Kritik anzunehmen. Und ich habe die Menschen einfach gern. Das sind wahrscheinlich wichtige Elemente.

D. Gibt es für Dich manchmal Enttäuschungen in Deiner Arbeit oder kommt es nicht vor?

H. Aber natürlich. Menschliche Enttäuschungen. Das Gefühl von Enttäuschung zeigt sich immer seltener und ich kann es schneller verwandeln in noch lauschenderem Hinspüren zu dem Menschen.
Veening beschrieb das Herangehen an die Arbeit des Atemtherapeuten auch so: „Mit der Wärme des Herzens, die Begegnung ermöglicht, und der richtigen Distanz, die Klarheit des Denkens gibt." So werden die Freude an der Arbeit, an dieser wunderbaren Arbeit, und die Dankbarkeit dafür immer mehr.

Erkennen heißt nicht zerlegen,
auch nicht erklären.
Es heißt:
Zugang zur Schau finden.
Um aber zu schauen,
muss man erst teilnehmen.
Das ist eine harte Lehre.

Antoine de Saint-Exupéry

Sechstes Gespräch

Der Ausbildungsweg

D. Heute wollen wir über die Ausbildung zur Atemtherapeutin sprechen und versuchen, dieses Berufsbild und auch den Ausbildungsweg genau anzuschauen. Wir werden darüber reden, was man lernen muss, auch inhaltlich, warum man so anfängt und nicht anders, wie ihr die Schüler auswählt und welche Menschen geeignet sind, Atemtherapeuten zu werden. Vielleicht beginnen wir mit dem letzten Punkt.

Eignung für den Beruf

H. Für die Arbeit mit dem Atem interessieren sich entweder Menschen, die bereits einen Heil- oder Erzieherberuf haben und denen dabei etwas fehlt. Wobei sie manchmal gar nicht so genau wissen, was es eigentlich ist. Oder Frauen zum Beispiel, die in der Mitte des Lebens nach der Kindererziehung noch einmal in ein sinnvolles Berufsleben drängen. Menschen, die von der Atemarbeit gehört haben oder auch schon da und dort Erfahrung gesammelt haben, die in ihnen den Wunsch weckte, diese Arbeit zu lernen, um sie weiterzugeben.
Künstler kommen auch, um sich eine bessere Basis für ihr Leben zu schaffen und für ihre Kunst. In dieser Ausbildung lernen sie manchmal, Verbindungsbrücken zu schlagen zwischen Kunst und Atem und eigenem Wesen.
Wie in vielen Heilberufen kommen Menschen in und aus ihrer eigensten Not, Krankheit, aus persönlichem Unglück und finden Hilfe und manchmal einen Beruf, der wiederum für sie selbst Hilfe bedeutet, eine Befreiung aus der Not.
Du fragst, wie erkennt man eine Begabung? Was heißt in diesem Fall Begabung? In den meisten Berufen kann man zur Auswahl irgendwelche Tests und Prüfungen machen. Das geht so gar nicht in unserem Fall. Ich muss versuchen, zu erkennen, wie eindeutig und stark der Wunsch ist, sich selber im Atem zu erfahren und zu entwickeln, denn nur aus dieser Selbsterfahrung kann jemand mit dem Atem therapeutisch oder pädagogisch arbeiten. Begabt für diese Arbeit ist ein Mensch, der sensibel ist und kraftvoll und natürlich.

D. Und der nahe bei sich selber ist.

H. Und der Menschen gern hat, – das ist besonders wichtig. Es braucht auch Intelligenz und Bildungshintergrund, wobei die Intelligenz sich nicht auf den Intellekt beschränkt, sondern viel umfassender ist.

D. Muss ein besonderer Bezug zu den Händen da sein, oder eine bestimmte Art von Spürigkeit?

H. Das ist sicher gut, aber wie kann ich das prüfen? Bei Vorgesprächen mit Interessenten bin ich sehr wach in der Beobachtung. Sozusagen mit allen Sinnen nehme ich wahr, wie jemand hereinkommt, sich hinsetzt, wie er oder sie redet und wie ich mich dabei fühle. Ich kann ganz gut spüren, wo ich annehmen darf und wo ich ablehnen muss.

D. Was ist denn eine exzellente Atemtherapeutin? Woran merkt man das?

H. Als erstes fällt mir ein, ein Mensch, der das Gefühl vermittelt, dass er authentisch ist, ehrlich, dass er einen Weg gegangen ist oder auf dem Weg ist und ihn wirklich geht, dass er nicht etwas anbietet, was er selbst nicht lebt. Das ist etwas, was ich von Schülern immer wieder gehört habe: „Ich kann dir folgen, ich kann mit dir gehen, weil ich spüre, dass du das selbst gehst, weil ich spüre, dass, was du sagst, nichts ist, was du nicht selber auch lebst." Das ist ganz wichtig.
Eine exzellente Atemtherapeutin wird natürlich schon Berufserfahrung haben. Sie ist erfahren und reif genug, um mit dem umzugehen, was sie bewirkt. Eine Therapeutin, die sich weiterbildet im äußeren und inneren Wissen und unterscheiden kann und vor allem, die die Wärme besitzt, die Türen öffnet, Begegnungen ermöglicht.

D. Du sagst es ist ein schwieriger Beruf, warum ist das so?

H. Weil du in dem Moment, in dem du einen Menschen berührst, eine große Verantwortung auf dich nimmst. Berühren ist eben wirklich: „Berühren". Einen Menschen, den ich einmal berührt habe, für den trage ich Verantwortung mit. So empfinde ich es, so habe ich es immer wieder erlebt. Mit jemandem zu reden, das kann man vielleicht auch wieder vergessen, aber wenn du jemanden wirklich berührt hast, wird es nicht vergessen. Wenn es in der Tiefe geschehen ist.

D. Was ist das für eine Verantwortung? Es ist ja nicht die Verantwortung für sein oder ihr Leben.

H. Natürlich nicht, das ist eine viel subtilere Verantwortung, sie berührt die Frage von Ich und Du. Ich habe einmal in einem kleinen Text über meinen Lehrer Cornelis Veening geschrieben: „Er hat seine Hand aufgelegt und da war etwas, was ich niemals im Leben vergessen kann. Das ist einfach da." Es war mir ganz klar, dass Veening diese Verantwortung angenommen hat. Er sprach in der Arbeit von einem „Berüh-

ren in einer Schicht, in der es verpflichtet." Es ging überhaupt nicht um dieses: „Es soll dir jetzt besser gehen."
Darum meine ich, dass es ein schwerer Beruf ist, weil es um eine Begegnung in einer tieferen Schicht geht. Dass dabei auch in vielen äußeren Problemen Hilfe geschieht, sei nicht unerwähnt. Aber aus dem wirklichen Berührtsein in der Tiefe des Wesens kommt die Heilung.

D. Kann man vielleicht sagen, dass man zu der Qualität des Kontakts steht und ihn durchhält, diesen wesentlichen Kontakt? Ich muss in der Lage sein und die Integrität haben, nicht auf einmal so zu tun, als ob er nicht da gewesen wäre.

H. Das ist ganz bestimmt so. Das ist sehr schön ausgedrückt und das setzt natürlich voraus, dass du selber bereit bist, als Behandler tief zu gehen auch in dir selber. Du kannst nur anregen, was du selber auch in dir hast.
Wenn du schnell etwas erreichen willst, dann ist das ein anderer Zugang. Es ist dann vielleicht weniger ein Weg, als eine Verabredung untereinander. Ich komme mit diesen oder jenen Problemen und du hilfst mir dabei, sie zu lösen durch das, was du tust. Bei uns geht es ja gar nicht so sehr um das, was wir tun, sondern darum, da zu sein, und in der Berührung den anderen zu fragen, diese letztendlich immer wiederkehrende Frage: „Wer bist Du?"

D. Es ist eben mehr als eine Symptom- oder Krankheitsbehandlung, es ist eine Berührung in der Tiefe des Menschseins.

H. Ja. Selbst bei den Schmitt'schen Atemmassagen, die doch auch sehr symptom- und krankheitsbezogen waren, war das Zentrum immer diese Berührung in der Tiefe des Menschseins, die Frage nach dir selbst. Die Intention der Arbeit war letztendlich, wegzuräumen, was dich daran hindert, das zu erkennen. Das war das wirkliche Angebot seiner Arbeit. Es war, wie von seinen Händen herausgeschält zu werden aus der Verhüllung. Ich weiß darum aus eigenster langjähriger Erfahrung. Ich habe lange viel orientierter an den äußeren Dingen gearbeitet, an den Schwierigkeiten, die die Leute hatten, wenn sie kamen und war froh, wenn es ihnen besser gegangen ist, wenn der Atem leichter war und Schmerzen verschwanden, wenn das Leben leichter wurde. Das war für mich lange das Wesentliche. Dabei konnte ich wachsen, bis allmählich die Kraft in mir frei wurde, in größerer Tiefe zu wirken.

D. Du spürst also, wenn Menschen zu dir kommen, die diese Arbeit lernen wollen, ob da auch dieses Potential der Tiefe ist?

H. Ich versuche es zu spüren. Doch manchmal kann man sich auch täuschen.

D. Lehnt ihr auch Bewerberinnen ab?

H.: Ja

D. Aus was für Gründen zum Beispiel?

H. Manchmal aus sozialen Gründen, wenn ich sehe, das ist ganz illusorisch. Jetzt hat sich jemand mit vier Kindern beworben. Sie müsste jedes Mal von weit her anreisen und ist noch genötigt einen Nebenjob zu haben. Dann ist es nicht die richtige Zeit. Ich lehne ab, wenn ich spüre, dass die Lebensweise und die Orientierung viel zu weit entfernt sind, um in einen Beruf zu gehen, der soviel eigene innere Entwicklung fordert, um ihn vollgültig auszuführen.
Ich hatte nicht gelernt, wie man ausbildet. Irgendwann ist es ganz von allein so gekommen. Allerdings war damals meine Praxis schon groß und ich hatte Erfahrung im Behandeln wie in der Gruppenleitung. Ich war alleine in den ersten Ausbildungszeiten, hatte keine Mitarbeiterinnen. Verglichen mit der Art wie wir heute schulisch ausbilden, bin ich meinen Schülerinnen sicher manches schuldig geblieben in der strukturellen Vermittlung der Arbeit mit dem Atem. Doch glaube ich, ich hatte damals die Frische des relativ jungen Menschen, der völlig ohne Zweifel und zutiefst von der bewirkenden Kraft des Atems überzeugt war. Und damit konnte ich die Schüler gewinnen und führen.
Es waren volle, wunderbare Jahre des Lernens, des Ordnens, der Begegnungen, der Kämpfe, des Gebens und Nehmens. Und so folgten Ausbildungen auf Ausbildungen, immer in dem ganz privaten Rahmen.
Lange Jahre habe ich mir nicht vorstellen können, diese Ausbildung im offizielleren Rahmen einer AfA-Schule anzubieten. Ich fragte mich, ob und wie man das überhaupt prüfen kann, was an Atementwicklung bei den einzelnen Teilnehmerinnen und damit auch an Fähigkeit, es weiterzugeben, gewachsen ist. Das hing natürlich mit meinem Verständnis der Atemarbeit an sich zusammen
Vor circa 12 Jahren wurde die Situation für Atemlehrer immer problematischer durch die sehr restriktive Gesundheitspolitik und in der Anerkennung durch die Krankenkassen. Es wuchs in mir die Überzeugung, dass ich den Schritt tun musste, den AfA Vorstand um offizielle Anerkennung meiner Ausbildungsstätte zu bitten. Das wurde mir gewährt. Diese Einrichtung hat mir viel Mühe und Arbeit gemacht.
Heute sehe ich sehr viel Positives. Die Schule hat sich entwickelt, ich hatte gute Mitarbeiterinnen, die mir beim Aufbau zur Seite standen

und mit mir die Ausbildung trugen und die nun die Leitung der Schule übernommen haben. Ich selber wurde gezwungen, noch viel genauer nachzufragen, was ich, was wir wirklich tun. Und in dem Maße, in dem mehr Klärung kam, wurde auch der Unterricht klarer, didaktischer, strukturierter.
Die Angst, wir würden das uns so Wesentliche der inneren Arbeit verlieren, bestätigte sich nicht. Es ist uns gut gelungen, die Weite unseres Atemverständnisses zu bewahren. Ganz im Gegenteil, auch im Lehren verbindet sich immer mehr äußeres und inneres Wissen. – – –

Ablauf der Ausbildung

D. Gehen wir zur Ausbildung selbst. Sie umfasst jetzt fünf Jahre zusammen mit dem Vorbereitungsjahr.

H. Ja und zwar in Form einer berufsbegleitenden Ausbildung, ein vorbereitendes Jahr, dann drei Jahre Kernausbildung, dann das Supervisionsjahr.

D. Worum geht es im Vorbereitungsjahr?

H. Das Vorbereitungsjahr dient dazu, die Arbeit und die Schule mit den Ausbilderinnen kennen zu lernen und sich zu klären. Es gibt auch den Ausbilderinnen Zeit zu erkennen, ob jemand letztendlich doch nicht in die Kernausbildung aufgenommen werden sollte. Es ist ein Jahr des Schauens und des Prüfens, ein Jahr des Vorbereitens auf das Kommende. In diesem Jahr gehen wir alle Übungs- und Erfahrungsweisen mit den Schülern durch, um ihnen so die Arbeit zu zeigen und nahe zu bringen. Auch Behandlungen werden ihnen angeboten, sie erleben sich schon in Gruppengesprächen über das Erfahrene und bekommen einen Begriff von der Gruppendynamik. So klärt es sich, ob sie bleiben wollen und bleiben können.

D. Das ist sicher gut.

H. Dadurch haben wir in der Ausbildung kaum mehr Wechsel.

D. Dann habt ihr euch entschieden und sie haben sich entschieden und dann geht es los. Habt ihr für die drei Jahre ein Curriculum?

H. Ja, ich finde wir haben ein gutes Curriculum[25]. In der Arbeit mit dem Atem, diesem fließenden, verbindenden Element, ist es jedoch schwer,

25 Ausbildungscurriculum „Atemhaus München – Herta Richter, Lehrinstitut für Atempädagogik“, Werdenfelsstr. 16, 81377 München

sich an festgelegte Entwicklungsschritte zu binden. Wo sich ein Thema auftut, erscheint möglicherweise noch ein anderes. Da muss im Unterrichten das Künstlerische und Schöpferische ebenso Raum finden.

D. Wenn nicht, vergisst man den ganzen Menschen.

H. Du fragtest nach der Struktur in der Ausbildung. Sie basiert natürlich auf dem, was notwendig ist, damit jemand Atemlehrerin oder Atemtherapeutin werden kann. Wir nehmen in der Regel niemanden unter 30 Jahren in die Ausbildung. Das heißt, ein Mensch soll schon etwas vom Leben wissen, auch von sich selbst.
Bei einem Erstgespräch frage ich meist: „Haben Sie die Menschen gern?“ Die meisten wünschenswerten Qualitäten wurden schon in unseren bisherigen Gesprächen deutlich: Menschliche Wärme, Fähigkeit zu Empathie, Kraft und gleichzeitig Feinheit im seelischen Umgang mit Menschen. Unterscheidungsfähigkeit und Klarheit. Bereitschaft, den Atemweg zu gehen. Auch im weiten Sinn Intelligenz und Kultur.
Nach dem vorbereitenden Jahr treten die Schülerinnen ins erste Jahr der Kernausbildung ein. Sie werden in die Anfänge der Atembehandlung eingeführt. Sie üben sich in dieser Kunst gegenseitig an ihren Mitlernenden.
In den Gesprächen nach dem Gruppenunterricht üben sie, ihre eigenen Erlebnisse in Worte zu bringen, auszudrücken und sich damit zu zeigen. Dabei ist es auch wichtig, das Zuhören zu lernen und achtsam auf oft sehr andere Erfahrungen als ihre eigenen zu horchen und sich Gedanken zu machen über das von den Mitschülerinnen Gesagte. Aber nicht nur darüber, sondern auch über die Art und Weise, wie es gesagt und ausgedrückt wurde, verbal und über die Sprache des Körpers. Sie lernen so, mit Empathie da zu sein.
Sie erhalten Unterricht in Anatomie und praktischer Menschenkunde. Sie haben ihre ersten Einführungstage in Psychologie, dazu das sehr aufdeckende und bewegende Seminar mit Ulla Fischer im Bauen von Masken, ganz in Verbindung mit dem Gestalten aus dem Atem.
Es ist ein reiches Jahr. Alle Elemente, die sich nun weiter entwickeln müssen und dürfen, sind angelegt worden. Der Samen ist in der Erde. Zu unserer Freude erleben wir, wie die Schülerinnen hineinwachsen in die Welt des Atems, wie sie von dem Umgang mit sich im Atem ergriffen werden und nun in meist großer Hingabe ganz voll in der Ausbildung sind.
Den Themen, die in unserem Curriculum niedergelegt sind, fühlen wir uns verpflichtet. An ihnen wird sich das Arbeiten weiter orientieren. Gleichzeitig müssen wir elastisch und offen genug sein, um verbunden zu bleiben mit dem lebendigen Geschehen in der Gruppe. Und das passt ja nicht immer in ein vorgegebenes Thema hinein. Doch es muss seinen

Raum bekommen, und auch der sich daraus entwickelnde Gruppenprozess. Das verlangt von der Ausbilderin vor allem Flexibilität. Herz und Klarheit müssen in guter Verbindung sein. Es braucht Achtung vor dem Menschen und Offenheit zur jeweiligen Situation. Und doch muss auch der Übungsweg mit seinen didaktischen Inhalten weiter verfolgt werden. Die Schüler lernen zu schauen, zu verstehen und, wenn das nicht möglich ist, dem Erlebten in Achtung zu begegnen. Ohne den Hintergrund der Selbsterfahrung ist diese Arbeit nicht möglich.

Die Bewegung aus dem Atem

D. In Eurem Curriculum steht als Thema „die Bewegung aus dem Atem". Wie lehrt Ihr in der Gruppe die Verbindung von Atem und Bewegung?

H. Es ist gut darüber zu sprechen. Nach wie vor ist es für mich eine Forschungsarbeit. Ich habe mich lange damit auseinandergesetzt, um zu dem wahren Verständnis darüber zu gelangen und ich merke, dass es mir deutlicher wird.

Wenn ich zum Beispiel meine Hände auf den Bauch lege und mich unter ihnen sammle, spüre ich die Bewegung meines Atems. Ich lausche auf sie und sie wird mir immer deutlicher. Der Bauch weitet sich, schwingt zurück und das geht immer so weiter. Ich lausche und erkenne nach einer Weile, wie ich mich innerlich mit dieser Bewegung verbunden habe, im Lauschen. Hier ist die erste und wichtigste Erfahrung zu unserem Thema.

Ich nehme die Hände dann irgendwann vom Bauch weg und lege sie in die Luft. Noch ist meine Empfindung für meine Atembewegung innen deutlich. Nun begleite ich mit der Bewegung meiner Hände die Schwingung meines innen gespürten Atems. Das, was innen ist, kann ich mir außen zeigen. Wieder lausche ich auf dieses Miteinander von innen und außen, lasse es geschehen und bin verbunden mit dem Geschehen.

Vielleicht merke ich nach einer Weile ohne mein Zutun eine Veränderung. Lauschend habe ich mich verbunden mit dem Atemspiel. Es ist, wie wenn der Atem mich innen mehr ergreift, lebendiger wird, deutlicher schwingt, meinen Leib weiter und tiefer durchströmt. Auch die Bewegung meiner Hände kann nicht anders, sie lässt sich von innen her in mehr Weite, Tiefe, Lebendigkeit tragen. Atem und Bewegung sind in Einheit. Die Bewegung wird beseelt. Bin ich fähig, mich diesem Geschehen hinzugeben, findet es seine ganz natürliche Entfaltung.

Begonnen hat es innen. Es hat sich entfaltet, – und das wirkt wieder zurück nach innen. Da ist eine Entwicklung aneinander und miteinander, bis keine Trennung mehr besteht. Die atmende Seele bewegt den Menschen. Es schwingt mich und ich schwinge. Ich bin da, meine Lust, meine Weise, mein innerer Ausdruck, alles lebt in der Bewegung.

Meine Bewegung bin ich. Ich werde sichtbar. Kein Zeigen, kein Vormachen, keine Korrektur könnten das jemals hervorrufen!
Nun kommen wir zum besseren Verständnis noch zu einem anderen Weg: Diesmal beginnen wir mit einem Spiel, zum Beispiel eine Hand bewegt sich in ihrem Handgelenk. Das ruft eine Lösung in diesem Gelenk hervor. Unser Blickwinkel ist dabei nicht so sehr darauf gerichtet, dass wir ein lockeres Handgelenk haben möchten, sondern wir fühlen uns ganz mit unserer zulassenden Empfindung in dieses lösende Tun hinein. Wenn wir diesem Bewegungsspiel nachlauschen, fängt der Atem an, in uns mitzuschwingen. Bleiben wir nun empfindsam dabei, wird wie von selbst die Atembewegung in Verbindung kommen mit der Bewegung in den Handgelenken. Das Bewegungsspiel außen weckt das Atemspiel innen, fängt es sozusagen ein. Die beiden finden in ihren gemeinsamen Rhythmus, in ein gegenseitig sich Erfüllen. Und wieder ist die Seele dabei und darin, wenn das geschieht. Daraus gestaltet sich alles Weitere: Atembewegung, Spiel der Seele, Ausdruck des Menschen. Und jeder Mensch hat seinen eigenen Ausdruck. Das kann tiefe Erschütterung hervorrufen, wenn es stimmt. Für die Lehrerin ist es ein großes Geschenk, den Menschen dann so sehen zu dürfen.

D. Zu diesem Geschehen passt ein Zitat des englischen Choreographen Royston Maldoom[26], das ich mitgebracht habe: „...jener Moment, wenn Körper und Geist zum ersten Mal in völliger Harmonie verschmelzen und die Bewegung von ganz innen zu kommen scheint... – das ist eine unbeschreibliche Erfahrung! Wenn es passiert, spiegelt sich fast ein bisschen Angst in den Augen, wie bei Menschen, die am Rande einer Klippe stehen und dann plötzlich springen."
Es geht sicher nicht über den Kopf, denn dieses Empfindungs-Geschehen kann man eigentlich nicht mit Worten erklären. Es geht nur über die Erfahrung und das Üben.

H. Gestern Abend habe ich im Fernsehen eine Sendung über einen berühmten alten amerikanischen Tänzer und seine Gruppe gesehen. Fantastisch, was der mit seinen Leuten gemacht hat. Das war ein Fluss! Wie bei einem Tier und dennoch nicht mehr Tier. Da habe ich mich gefragt, wo ist der Unterschied? Ein Tier hat das und weiß es nicht. Es wird nie aus dieser Schönheit heraus fallen, es hat nicht einmal die Wahl. Doch der Mensch hat das Los der Trennung.

---

26 Royston Maldoom, englischer Choreograph, bekannt durch den Film „Rhythm Is It", 2004

D. Weil er sich neben sich stellt.

H. Und hier setzt die Arbeit im Atem an. Im Versuch, Innen und Außen zu verbinden, zu lernen, sein zu dürfen, bedingungslos hingegeben im Sein. In der Arbeit komme ich seit ein paar Jahren diesem Verstehen näher. Wenn es gelingt, dann ist die menschliche Bewegung der Bewegung eines Tieres überlegen. Das habe ich gestern in dieser Sendung gesehen und verstanden. Weil da auf einmal etwas ist, was das Tier nicht hat.

D. Das hat natürlich etwas mit Bewusstheit zu tun, ein Sein, das sich selbst erfährt. –

Zentren, Achsen, Strukturen

Ich wollte noch ein anderes Element der Gruppenarbeit aus Eurem Curriculum ansprechen, über das wir bisher nicht geredet haben. Ihr nennt es „Hinführung zu Strukturen, Zentren und Achsen". Um was geht es dabei konkret?

H. In unserem Empfindungs- oder Atemkörper können wir Zentren erfahren durch achtsames, spürsames Sammeln im Atem. So loten wir die Mitten der einzelnen Leibräume aus, – Basis, Solarplexus, Herz- und selbst Kopfraum –, und stärken ihre Schwingungs-, Halte- und Strahlkraft. Aus diesen verschiedenen Mitten bildet sich, wenn der Atemfluss die einzelnen Räume zu einem einzigen vereinigt, *die* Mitte. Sie wird bei den Menschen immer wieder auch verschieden erlebt und lokalisiert, je nachdem, wo ihr Lebensschwerpunkt ist. Wenn die einzelnen Räume in ihrer Aussagekraft in Harmonie sind, wird sich die Mitte im mittleren Atemraum, im Raum des Sonnengeflechts finden. Dann trägt sie das Leben vom Basisgrund und vom Herzen in sich und wird als Zentrum unseres eigenen Seins empfunden.
Mitten brauchen Öffnung und Entfaltungsraum, sie brauchen Achsen. Becken-, Schulter- und Ohrachsen werden uns zum Beispiel in der Atemempfindung deutlich, wenn wir mit unseren Händen ihren Umfeldraum erfahren, das heißt, wenn wir uns atmend in den von den Händen angebotenen Raum einlassen. So entsteht ein Empfinden von Struktur der Horizontalen auf drei Ebenen. Sie ist wie ein Träger, auf dem der Atem in die Weite fließen kann. So wird die Horizontale als Ausgebreitetsein erlebt, offen für die Welt.
Und dann ist da die vertikale Achse, die tragende Mitte der Aufrichtung. Hier trifft das Erleben von Achse und Zentrum zusammen. Die vertikale Mitte *ist* die Mitte des aufgerichteten Menschen, des Menschen zwischen Himmel und Erde.
So wie Zentren Achsen brauchen für ein lebendiges Sein, so brauchen Achsen Zentren. Wenn wir im Atem durchlässig geworden sind, er-

leben wir, wie aus einem Zentrum sich die Achse selbstverständlich formt und wie jede Achse ihr Zentrum bildet. So hat sich mit Zentren und Achsen im Empfindungskörper die äußere Gestalt von innen her erfüllt und kann in ihrer ganzen seelisch-geistigen Aussage dem Körperbewusstsein Gehalt geben. – – –

Die Art der Anleitung

D. Es gibt ja noch viele andere Elemente, die in der Erfahrung der Gruppenübung gelernt werden. Man hört die Worte der Lehrerin und übt und erfährt es. Man redet dann auch darüber. Kannst Du etwas zu Deinem Sprechen in den Übungsgruppen sagen. Was da geschieht?

H. Mit der Zeit habe ich mich immer mehr getrennt von korrigierendem Reden. Mir wurde das Wort „ermöglichen“ dafür lieber. Das heißt, so anzubieten, – vielleicht immer wieder neu –, dass es von innen verstanden wird. Ein Schüler tut dann nicht etwas, weil er korrigiert wurde, sondern wird allmählich hingeführt zu einem eigenen Verständnis, aus dem das für ihn Richtige erwächst.
Ich lasse manche Schüler relativ lange im Suchen. Hinweise von mir werden vielleicht nicht gehört und nicht verstanden. Der rechte Zeitpunkt zu verstehen ist noch nicht da. Vielleicht Wochen, Monate später wird es gehört, verstanden und umgesetzt. Das macht glücklich, die Schülerinnen und mich.

D. Ich denke, das ist ein sehr wichtiges Element in der Ausbildung, dieses Nicht- Korrigieren, weil es völlig aus dem gewohnten Muster herausführt, dass man etwas richtig machen soll, und aus der Überzeugung, dass es eine Form gäbe, die man richtig machen könnte. Dass es vielmehr wesentlich ist, das Geübte jeweils neu und von innen heraus stimmig zu entdecken.
Wenn es also nicht darum geht, festgeschriebene Übungen zu lernen, könnte es da nicht geschehen, dass dann das Üben völlig beliebig wird? Woran würde man das merken?

H. Das merkst du daran, dass jemand neben sich steht, nicht mehr „drinnen“ ist.

D. Nicht in Verbindung ist.

H. Denn im Anschluss, in der Verbindung, gibt es keine Beliebigkeit.

D. Dann ist alles aus sich selbst stimmig, es geschieht eins aus dem andern.

H. Das ist so wie das wahre Spiel, das nichts mit Verspieltheit zu tun hat. In dem Moment, wo es verspielt wird, bist du heraus gefallen, bist du schon wieder daneben.

Behandeln lernen

D. Gehen wir zur Behandlung. Wie lernt man zu behandeln?

H. Indem man behandelt wird. Darüber spreche ich gerne. Wenn wir das Glück hatten, von einem guten Lehrer in die Atembehandlung eingeführt und begleitet worden zu sein in unserem eigenen Entwicklungsprozess, haben wir die beste Vorbereitung für unser eigenes Behandeln. Es entwächst aus der Tiefe des eigenen Erlebens. Dazu kommt in der Ausbildung der didaktische Anteil, in Form von Behandlungsdemonstrationen der Lehrerin, auch mit Erklärungen, warum etwas so oder so geschieht. Und Demonstrationen von Schülerinnen mit anschließender Besprechung. So wirken Selbsterfahrung, ein darin durchlaufener Prozess und ein mehr verstandesmäßiges Lernen ineinander, sich ergänzend und Wissen sichernd. Bei jeder Behandlung lernst du, ob du sie empfängst oder ob du sie gibst.

D. Vielleicht können wir näher hinschauen auf diese Klippe, die auch für mich eine große Hürde war: Von dem eigenen inneren Erleben im Behandeltwerden zum selbst Behandeln.
Wenn ich behandelt werde, dann habe ich ein starkes Empfinden dessen, was das in mir bewirkt. Wenn ich aber neben jemandem sitze und meine Hände auf ihn lege, dann weiß ich zunächst nicht, was bewirke ich eigentlich? Wie sollen die Hände sein? Was sollen die Hände machen, damit diese Erfahrung bei dem anderen möglich wird? Das ist eine große Herausforderung.

H. Das hängt damit zusammen, dass wir keine Technik lehren. Das wäre einfacher. So ist es nach allem vorher Gesagten klar, dass das eigene Behandeln sehr abhängig ist von der Fähigkeit, zu lauschen und zu spüren: Wo darf ich meine Hand hinlegen, warum zieht es mich da oder dort hin zu berühren und wie wage ich, der Eingebung zu folgen?
Die Schüler bekommen ja laufend Anregungen in den Behandlungen, vor allem durch ihre Lehrerinnen. Es ist auch wichtig, von der Atmosphäre zu sprechen, in die eine Behandlungssituation eingebettet sein sollte. Da muss ein offener Raum sein zwischen den beiden, ein Abwarten Können. Man darf nicht gleich etwas tun wollen. Die Schülerinnen lernen so zu sehen: Wo erkenne ich die Bewegung des Atems, und wenn ich sie erkenne, wie kann ich Verbindung mit ihr aufnehmen?
Schritt für Schritt tut sich die Welt des Behandelns auf. Da sind immer die beiden Lernwege Behandeltwerden und Behandeln, also empfan-

gen oder tun. Das Empfangen der Botschaft der Hände und der Fragen, die sie stellen. Das Tun entwickelt sich dann aus dem Speicher des Erlebens und aus klaren, didaktischen Anweisungen der Lehrerin. So mischen sich innere und äußere Lernanteile in rechter Weise. Das Wesentliche jedoch beim Erlernen der Kunst des Behandelns ist Frucht eines langen Prozesses des Behandeltwerdens mit allen Verwandlungen, sowohl im Empfinden wie im Erkennen.
Beim Behandeln ist es wesentlich, mit dem eigenen Atem verbunden zu sein. Was ich erinnere an eigener Behandlungs-Erfahrung ist ja inzwischen in meine Tiefe eingedrungen. Für mich ist es immer wieder ein sehr bestätigendes Erlebnis, wie im entscheidenden Moment dieses Wissen aufsteigt und mich in meinem Tun führt und begleitet.
So sitzt du neben diesem Menschen und schaust, versuchst seinen Atem zu erkennen und lässt dich vielleicht führen, wohin es deine Hände ruft. Du berührst ihn. Damit zeigst du dich, sagst, ich bin da und fragst, wo bist du? Wirst du verstanden in deiner Frage? Was ist es, das versteht und woher kann Antwort kommen?
Diese Art der Atembehandlung ist im höchsten Maße darauf angewiesen, dass die Behandelte erkennt, dass sie Partnerin ist, nicht Objekt. Partner sein heißt antworten; nicht nur über sich ergehen lassen, sondern ein Gegenüber werden; antworten können, vielleicht zu einem Miteinander finden können.
Manchmal wird das sofort verstanden. Die Seele scheint ganz in Einheit mit dem Körper zu sein. In der Antwort schwingt der Atem unter die berührenden Hände.
Oft ist es ganz anders. Sein Körper ist dem Menschen fremd. Die Empfindungsfähigkeit ist gering, Körper und Seele sind eher getrennt. Da kann die Frage, die die Hand stellt, nicht gehört oder verstanden und dementsprechend nicht beantwortet werden. – Der Atem bleibt stumm.
Oder: Da ist ein ängstlicher Mensch. Berührung bedeutet Bedrohung. Im Moment der Berührung der Hände zieht der Atem sich als Ausdruck der Reaktion in eine andere Region zurück und antwortet nicht. Eigentlich geht es nur darum, dass du die Seele mit dem Körper wieder in Verbindung bringst, dass der Körper wieder bereit wird, die Schwingungen der Seele aufzunehmen, – auch wenn die Seele beinah verstummt ist. Aber du wirst sie locken, ihr zeigen, dass sie ein Instrument hat, durch das sie sich wieder hörbar, sichtbar und spürbar machen kann.

D. Das lerne ich also, wie Du immer wieder betonst, dadurch, dass ich selbst behandelt werde und spüre, wie sich das anfühlt, wenn das Instrument schwingt. Dann wieder schaue ich der Lehrerin zu. Aber dabei habe ich ein neues Problem: Man sieht nicht wirklich, was sie tut.

Du sitzt daneben und siehst, da liegen die Hände und die Hände gehen dann an verschiedene Stellen. Manchmal kommt auf einmal ein großer Atemzug und manchmal nicht. Manchmal verändert sich auch der Ausdruck des Gesichts. So sieht man schon etwas, aber man weiß eigentlich nicht, was die Hände tun, falls sie nicht gerade deutliche Impulse geben, wie Druck oder Heben oder Bewegen. Deshalb ist es wirklich schwierig, zu begreifen, was geschieht und es in dieser Weise zu lernen.
Wann fangen die Schüler an, sich gegenseitig zu behandeln, schon im ersten Jahr?

H. Nicht im Vorbereitungsjahr und noch nicht im ersten Trimester der Kernausbildung, bevor sie mehr Erfahrung im Behandeltwerden haben.

D. Sie werden einmal in der Woche behandelt?

H. Ja.

D. Nach einem halben Jahr behandeln sie sich dann paarweise gegenseitig?

H. Nein, A behandelt B und wird selbst von C behandelt.

D. Dann wissen sie ja erst mal nicht, was sie machen. Was passiert da?

H. Etwas Erfahrung bringen sie schon mit, denn im ersten Trimester haben sie bereits vier Tage Blockseminar mit ihrer Ausbilderin gehabt. Da wird schon an dem Thema Behandeln gearbeitet. Anfangs fordern wir heraus. Wir sagen ihnen: „Lass dich einfach rufen." Das setzt voraus, dass sie lernen, zu lauschen, zu hören und nicht gleich zu tun. Dabei können sie erstaunlich viel erfahren.
Erst im zweiten Trimester gibt es mehr Behandlungsdemonstrationen und anschließende Gespräche: Was macht es für einen Sinn, ein Bein, einen Arm, den Kopf zu heben oder zu drehen? Oder, wo muss ich vorsichtig sein, wo soll ich am Anfang nicht hingehen? Dann die Frage, gibt es einen festgelegten Ablauf einer Behandlung? Bei uns nicht, – auf keinen Fall.

D. Dann haben sie eine Mitschülerin, die sie dann über eine ganze Zeit behandelt?

H. Ja, möglichst die ganzen drei Jahre. Es bleiben Behandlungs-Partnerschaften.

D. Da spielt sich ja wahrscheinlich vieles ab?

H. Die Wahl der Partnerschaften ist nicht leicht, denn es ist den Schülerinnen klar, dass sie eine lange Zeit miteinander zu tun haben werden.

D. Und sie müssen auf Gedeih und Verderb da durch?

H. Möglichst, es gibt aber manchmal Situationen, in denen es erst mal so aussieht, als ob es gar nicht ginge. Wir setzen dann ein Gespräch an mit den beiden Behandlungspartnerinnen, um die Situation zu prüfen und vielleicht zu klären. Manchmal kann noch mal ein neuer Versuch gemacht werden, manchmal zeigt sich im Gespräch, dass es für beide besser ist, in eine andere Partnerschaft zu wechseln.

D. Sie behandeln sich einmal die Woche, diese Partner?

H. Nein, jede zweite Woche.

D. Dann werden sie also parallel von den Lehrerinnen behandelt und von den in Ausbildung Stehenden. Sie kommen dadurch in sehr unterschiedliche Situationen und Erfahrungen. Wie geht ihr damit um?

H. Natürlich hat jede Behandlung ihre Wirkung, auch die von Anfängern und Lernenden. Die Schülerinnen sammeln Erfahrungen in den Behandlungen ihrer Ausbilderinnen, die sie dann umsetzen im Arbeiten mit ihrer Schülerpartnerin. Die beiden Schülerinnen wissen, dass sie zusammenkommen, um mit und aneinander zu lernen. Sie werden versuchen, in eine Behandlungsbegegnung zu kommen, werden sich dann austauschen über das, was geschehen ist. Alles, was verstanden und was nicht verstanden wurde, wird besprochen. Sie werden sich im Gespräch helfen und ihr Verständnis dadurch entwickeln. So gehen sie miteinander diesen Lernweg.
Die Situation in der Behandlung durch die Ausbilderin ist eine andere. Hier behandelt eine erfahrene Lehrerin, die mit ihren Händen die wesentliche Frage stellt: Kannst Du Dich einlassen? Die gelernt hat, mit allem, was dem im Wege steht, umzugehen, um dann die Schülerin in bewusst erlebte Verbindung mit ihrem Atem zu bringen und sie im Atem zu entwickeln. Auch hier findet meist ein Gespräch danach statt. Außerdem werden in den Gruppenstunden ab und zu Zeiten angesetzt für Gespräche über das Behandeln der Schülerinnen. Probleme, Unverstandenes, auch Freudiges wird mitgeteilt und besprochen. Manchmal arbeiten auch alle gleichzeitig in einer Gruppenstunde aneinander, allerdings in einer anderen Kombination. Die Ausbilderin schaut zu. Danach findet ein ausführliches Gespräch statt, in dem jede Teilnehmerin sich über das Erlebte mitteilt. Dabei kommt es meist zu sehr interessanten Rundgesprächen. Wir lernen so viel an den anderen!

Ich weise immer darauf hin, sehr aufmerksam auf alle Mitteilungen zu horchen und zu versuchen, sie zu verstehen, vielleicht auch ihren Hintergrund.

D. Schreiben die Schülerinnen Protokolle über ihre Behandlungen?

H. Sie haben alle ihr Atembuch und lernen Protokolle zu schreiben, die sie für sich selbst behalten. Das ist ganz ihr Eigenes.

Zusätzliche Methoden?

D. Sie lernen auch Anatomie, Physiologie und Psychologie. Darüber brauchen wir nicht im Einzelnen zu reden. – Aber vielleicht noch eine andere Frage. Wir haben am Anfang gesagt, dass es eigentlich ein Weg zu sich selbst ist. Wenn man eine gute Atemtherapeutin sein will, muss man zu sich selbst gefunden haben. Reicht es dafür, nur in Eurer Schule ausgebildet zu werden oder könnte man vielleicht sagen, sie müssen auch einen psychotherapeutischen Selbstfindungsweg gehen, eine Analyse machen oder eine Gestalttherapie, was auch immer? Ist das ein Thema?

H. Das ist ein brisantes Thema, auch im Rahmen der AFA.

D. Ich habe das gelesen.

H. Das ist immer wieder die Frage, gerade wenn schwierige seelische Themen in der Behandlung oder auch Übung auftauchen: Wie können wir es überhaupt wagen, damit umgehen zu wollen? Wir haben weder Psychologie studiert, noch sind wir Ärzte, auch ein Heilpraktiker ist oft überfordert. Wo sind die Grenzen?
Ich habe die Atemtherapie immer als einen authentischen Selbstfindungsweg empfunden: In der Hingabe an den Atem kann der Mensch zu seiner Einheit als Körper-Seele-Geist Wesen finden. Das bedeutet Heilung. Es wäre aber vermessen, zu denken, das wäre der einzige Weg. Immer wieder kommen Menschen mit großen psychischen Störungen, Krankheitsbildern, die einer Behandlung durch eine psychotherapeutische Methode bedürfen, vorher oder gleichzeitig. Um das zu erkennen, müssen und sollten wir uns ein bestimmtes Maß von psychologischem Wissen angeeignet haben. Wir wissen doch um die starke Wirkung echter Berührung, sei es bei der Behandlung durch die Hände, sei es durch den inneren Strom des Atems, der ja auch innigste und sehr bewirkende Berührung ist.

D. Es wird zumindest sehr vieles angeregt und bewusst, was in den Menschen ungelöst ist.

H. Natürlich. Ich erzähle ein Erlebnis, das ich vor kurzem in einem Kongress hatte.
Ich habe einem Kreis von Heilpraktikern eine Behandlung gezeigt, eine Atembehandlung, bei der ich sofort an eine hohe Empfindlichkeit der Liegenden kam. Trotz der Menschen, die um sie versammelt waren, trat ihre Not ganz schnell aus ihr heraus. Es kam ein Schrei aus der Tiefe, voller Entsetzen. Es war wie ein Ventil, das sich öffnete. Die Anwesenden reagierten erschreckt und auch neugierig, wie ich wohl damit umgehen würde. Ich hatte keine Angst, ich fühlte, ich muss nur da sein, bei ihr sein. Ich durfte das Geschehen auch nicht unterbinden. Es kamen noch einige Ausbrüche, ich war ganz bei ihr. Dann beruhigte sich der aufgeregte Atem langsam. Sie lag da mit einem Hauch von Lächeln im Gesicht, schön und gelöst. Der Atem floss ruhig. Danach war lange eine große Ruhe im Raum. Alle waren ergriffen und deutlich Teil des Geschehens, alle hatten ein Atemgeschenk erhalten.
In so einer Situation taucht die Frage auf: Kann ich im Atem hier weitergehen oder soll und muss da noch etwas dazu kommen? Danach habe ich auch wieder über dieses Thema nachgedacht: Müssen wir Psychologen sein oder ausgebildet sein in einer psychologischen Methode? Sicherlich müssen wir Wissen haben. Je mehr wir wissen, desto besser. Aber die Ausbildung in Psychotherapie kann auch die Gefahr in sich bergen, dass wir zu früh aus dem Vertrauen zur bewirkenden Atemkraft herausgehen.
Ich meine, wenn wir die innere Kompetenz haben, können wir auf dem Weg des Atems so weitergehen. Wenn sie nicht da ist und uns trägt, ist es klüger, vielleicht für einige Zeit auf ein anderes therapeutisches Medium umzusteigen. Das ist eine Entscheidung, die niemals aus Ehrgeiz oder Ähnlichem getroffen werden darf, sondern nur aus Klarheit und Ehrlichkeit und in der Anbindung an die innere Kraft.

D. Aber es ist schwierig, weil nicht vorhersagbar ist, was kommt. In dem Moment, wo ich mit der Behandlung anfange, weiß ich es nicht.

H. Das stimmt wohl. Wenn Schüler eine ähnliche Situation einmal in einer Demonstration miterleben, werden sie oft ängstlich: „Was mache ich, wenn mir so etwas passiert?“ Meist beruhige ich sie: „Es wird erst passieren können, wenn du tiefer bewirken kannst.“

D. Es kommt ja sehr aus der Tiefe und das heißt, dass Du als Behandlerin sehr in die Tiefe gegangen bist.

H. Ja.

D. In Deinem Ansatz liegt eine große Klarheit und Schönheit. Wenn die Kraft da ist, einfach ganz bei dem Geschehen zu bleiben, ganz da zu sein, den Halt und die Anwesenheit zu geben, dann schwingt die Emotion, die Gemütswallung in natürlicher Weise durch sich selbst hindurch und ist damit aufgehoben. Da braucht man eigentlich nichts durchzuarbeiten.

Das führt dennoch zu der Frage, wie es mit Kombinationsmöglichkeiten ist. Wie siehst Du das: Atemtherapie verbunden mit Psychotherapie, mit Musiktherapie, mit Imaginationen und Ähnlichem?

H. Ich habe jahrelang Kurse mit einem evangelischen Theologen angeboten, der Gestalttherapeut ist. Wir arbeiteten miteinander, immer unter bestimmten Themen. Wir haben viel voneinander gelernt. Ich habe erkannt, dass zwei Therapieformen, bei denen es um das Wesentliche geht, sehr schön zusammen wirken können. Dazu müssen die beiden Gruppenleiter gut miteinander arbeiten können und sich gegenseitig Raum und Achtung geben. Wir haben eine schöne Arbeit entwickelt. Eine sehr gute Kombination ist Atemtherapie und Musiktherapie. Auch Atemtherapie und Jung'sche Traumarbeit können sich gegenseitig wunderbar ergänzen und bereichern, und sicher auch andere Therapieformen.

All dieses Zusammenwirken habe ich in den Praxisjahren mit großem Interesse und Gewinn erlebt. Ich habe also mit anderen Therapeuten zur gleichen Zeit mit Patienten oder Schülern gearbeitet. Aber ich selbst habe nie die Atemarbeit mit irgendetwas anderem gemischt.

D. Hat Veening auch eine Analyse gemacht?

H. Er hat sehr viel Analyse gemacht. Seine Arbeit war dadurch sicher stark geprägt. Ich kann darüber nichts sagen. Ich selbst habe ihn immer nur als bewirkenden, aus tiefster Tiefe arbeitenden Atemmeister erlebt.

D. Ich habe ja mit unterschiedlichen psychotherapeutischen und meditativen Methoden gearbeitet und komme jetzt immer mehr dazu, dass es gut ist, den Atem-Weg klar zu sehen und zu gehen. Es ist schon hilfreich, im Gespräch persönlichen Themen Raum zu geben, aber im Grunde ist für mich die Atemarbeit eine ganz andere Erfahrung als die biographische oder psychotherapeutische.

H. Mit Sicherheit.

D. Sie ist viel dichter am Sein. Wenn man da zu sehr mischt, dann verwässert es sich.

H. Vielleicht gelingt es Dir, aufgrund Deiner Ausbildung und Deines langen Weges der Seins-Erfahrung, in unserer Arbeit eine Klärung und das rechte Maß zu finden und aufzuzeigen.

Verbreitung der Atemtherapie

D. Noch ein Thema zum Schluss: Warum hat es die Atemtherapie so schwer, populär zu werden und warum können deshalb nur wenige von den ausgebildeten Atemtherapeutinnen von ihrem Beruf leben? Wir wissen, dass es ein wertvoller Weg ist und dass es in unserer Gesellschaft viele Menschen gibt, denen er sehr gut täte. Warum ist es dennoch so schwer? Liegt es auch an dem Selbstverständnis der Atemtherapeuten, oder ist dieser Weg für viele Menschen nicht geeignet, oder was könnten es sonst für Gründe sein?

H. Das ist ein großes Thema, sehr zum Nachdenken. Es gibt bestimmt verschiedene Aspekte. Nach allem bisher Gesagten wurde klar, dass die Atemtherapie, so wie wir sie verstehen, nicht jedermann ansprechen oder erreichen kann. Das hängt damit zusammen, dass wir eher einen Weg zu einer ganzheitlichen Heilung anbieten, als ein pragmatisches Heilungskonzept. Die Menschen sind heute mehr denn je gewöhnt, für fast alle ihre gesundheitlichen Probleme von Fachärzten oder ähnlichen Experten irgendwelche Mittel zu bekommen, die sie davon befreien sollen. Sie haben vergessen, dass ihre Gesundheit in ihrer eigenen Verantwortung liegt.
Mit der Pflege des Atems wird den Menschen ein großes Heilmittel zur Verfügung gestellt. Nicht nur ein Teil von ihnen wird bedacht, sondern sie sind als Ganzheit gemeint. Leider wissen auch heute nur wenige davon. Selbst in ärztlichen und anderen therapeutischen Kreisen denkt man oft noch, die Atemtherapie betreffe nur den Respirationstrakt. Die umfassende Wirkung dieser großen Therapie ist noch immer zu wenig bekannt.
Vielleicht liegt eine Schwierigkeit darin, dass sie nach außen nicht so leicht darstellbar ist. Musiktherapie, Gestalttherapie, Familienaufstellen nach Hellinger, alle haben eine gewisse Darstellbarkeit. Der Atem ist nicht sichtbar. Schon darüber so zu reden, dass keine Störung entsteht, ist nicht leicht. Eigentlich müssten wir neue Wege finden, die Arbeit in der Öffentlichkeit darzustellen. In der heutigen lauten Welt kein leichtes Unterfangen, besonders weil es sich dabei doch um eine so stille Arbeit handelt, so subtil und unsensationell. Gerade deshalb wird der Atemweg vielleicht nur bestimmte Menschen ansprechen, eben solche, die bereit sind, einen inneren Weg zu beschreiten, die nach dem Sinn in ihrem Leben suchen, nach ihrem Selbst. Aber diesen Menschen fällt es oft nicht leicht, für ihre Arbeit mit dem Atem zu werben.

D. Ich denke es gibt keine Überschrift oder keine Nische oder Kategorie, unter der die Arbeit mit dem Atem breit angeboten werden kann. Es gibt jetzt allerdings überall den Begriff der Wellness. Das ist vielleicht, richtig verstanden, gar nicht so weit weg.

H. Das ist für mein Empfinden ein typischer Begriff unserer Zeit. Wellness, Wohlbefinden ist eine Frucht unserer Arbeit, die ganz absichtslos und selbstverständlich vom Baum fällt. Recht verstanden wäre sie das Resultat einer wirklich ernsthaften, tiefen Arbeit am Selbst.

D. Die Arbeit mit dem Atem ist nicht Wissensvermittlung, es ist auch nicht Symptombehandlung oder Krankheitsbehandlung, auch nicht Psychotherapie, oder Religion; es kann kein religiöser Weg sein. Dennoch ist es ein Weg, der zutiefst heilsam, notwendig und hilfreich für viele Menschen wäre und der einen hohen Wert in der Krankheits-Prophylaxe hat. Ich weiß auch nicht, wie diese Botschaft unters Volk zu bringen ist, wir sind keine Missionare.

H. Da muss die nachrückende Generation die nächsten Schritte gehen und andere Wege finden. Diese Therapie hat ja Platz in der Krankheitsbehandlung, auch in der Psychotherapie, gerade durch die Rückbindung an den Ursprung des Wesens. Ich bin da hoffnungsvoll. Diese Arbeit wird sich durchsetzen.

D. Ich denke sie muss in neuen Bereichen angeboten werden. Ich weiß nur noch nicht wo. Vielleicht in anderen und neuen Einrichtungen wie Freizeitheimen, Altenheimen, Musikhochschulen, Kunstakademien, sozialen Projekten und Ähnlichem; nicht nur im eng therapeutischen Bereich. Wichtig wäre natürlich, dass unser Gesundheitssystem begreift, dass Krankheitsprophylaxe viel billiger ist als Krankheitsbehandlung!

H. Wenn Du zum Beispiel Kinder anschaust: Heute sind schon die meisten im Bedienen von Computern perfekt, aber sie tragen fast alle schon Brillen. Du siehst heute so viele Kinder mit Brillen wie noch nie. Die rühren mich so. Wie werden sie sein, wenn sie groß sind? Es ist für die Kinder ein Spiel, mit dem Computer umzugehen, der Blick ist aber auf den Apparat gerichtet. Sie spielen nicht mehr im Sandkasten oder mit der Puppe oder miteinander. Das ist eine völlig andere Qualität. Es ist eine Zeit der großen Verwirrung in den Menschen, und die beginnt sich schon in dieser frühen Kindheit einzuschleichen.
Gestern war ich in der Stadt, in der Bahnhofsgegend. Ich war sehr betroffen. Eilige, verhetzte Menschen, die Anstrengung und Müdigkeit im Gang und im Gesicht. Soviel Isolation, Trauer, Einsamkeit. Wie fremd. Das sind zwei Welten. Oft sind es Menschen, die sich im bru-

talen Wettbewerb immer mehr ausbeuten lassen müssen, nur noch in Programmen leben, zu keiner Ruhe finden. Oder Arbeitslose, einfach nicht mehr gebraucht, aus der Gesellschaft ausgestoßen.
Hier möchte ich von einem unserer Kollegen sprechen, der jede Woche in einer sozialen Einrichtung, deren Leiter er ist, einen Vormittag arbeitslose Münchener Bürger zu Gesprächen und zu einer Atemstunde einlädt. Und das seit Jahren! Wir sind aufgerufen, mit wachen Sinnen, Phantasie und offenem Herzen neue Arbeitsfelder zu öffnen.

D. In diesem Sinne müssen die jungen Atempädagogen heute genauso Pioniere sein, wie die Atemtherapeuten vor 40 oder 50 Jahren.

TROST

Unsterblich duften die Linden. –
Was bangst du nur?
Du wirst vergehen, und deiner Füße Spur
wird bald kein Auge mehr im Staube finden.
Doch blau und leuchtend wird der Sommer stehn.
Und wird mit seinem süßen Atemwehn
gelind die arme Menschenbrust entbinden.
Wo kommst du her?
Wie lang bist du noch hier?
Was liegt an Dir?
Unsterblich duften die Linden. –

Ina Seidel

Siebtes Gespräch

Grundsätzliches und Lebensfragen

D. Ich wollte heute über grundlegende Fragen mit Dir reden, in der Arbeit und im Leben allgemein. Vielleicht fangen wir mit der Arbeit an und Du sagst nochmals zusammenfassend, was Dir besonders wesentlich ist, wenn Du auf Deine jahrzehntelange Beschäftigung mit dem Atem schaust.

H. Das Wichtigste, das mich immer dabei gehalten hat, ist die Möglichkeit, den Weg nach innen zu gehen. Das ist das wirklich Wichtige. Alles andere sind schöne Ergebnisse, Früchte und Geschenke, aber letzten Endes ist es eigentlich immer wieder dieses Eine.

D. Kannst Du noch einmal etwas über dieses nach innen Gehen sagen, was es für Dich ist und warum es so wesentlich ist.

H. Es ist das Freiwerden von der Gefangenschaft und der Bedingtheit durch das Äußere. Dies zu erleben, dass es eine andere Ebene gibt, auf der alles, was sonst weh tut oder schwierig ist, nicht wichtig ist und keine Rolle spielt.

D. Wie erlebst Du das, wenn Du behandelst und wenn Du behandelt wirst?

Zu sich Erwachen

H. Ich gehe nochmals in Gedanken zurück zu dem Initialerlebnis bei meiner ersten Atemmassage. Ich war jung und offen und fühlte: „Jetzt bin ich geboren." –

D. Wie ist das möglich, als Erwachsener neu geboren zu werden?

H. Aufzuwachen, wie aus dem Schlaf oder einem Dämmerzustand. Wie wenn eine Blume auf einmal aus der Erde herauskommt: „Jetzt bin ich da – jetzt bin ich wach." Das hab ich in diesem Moment erlebt.

D. Wenn Du das auf Patienten beziehst, stimmt das sicher für sie auch, dass es eine Chance ist, durch das Behandeltwerden und die Beschäftigung mit dem Atem aufzuwachen.

H. Du weißt, dass es möglich ist. Gerade dieses Wissen trägt Dich ja im Behandeln, Jemandem zu helfen, zu sich hin aufzuwachen.

D. Was verändert sich bei Menschen, wenn sie immer wieder einmal erleben, dass sie in einer neuen Bewusstseinsdimension zu sich selbst erwachen?

H. Alles, alles! Das heißt ja nicht, dass das Leben mit all seinen Gefahren, Tücken und Verführungen einen nicht immer wieder einholen kann. Ich weiß davon. Aber das Wissen dahinter bleibt. Wie ein tragender, schützender Hintergrund.
Ich hatte öfters das große Glück, in einem kleinen Bergdorf in der Schweiz einige Tage von Cornelis Veening behandelt zu werden. Da kamen Stille und Atem in schönster Weise in der Natur zusammen. Es war immer neu ein Erwachen zu mir selbst.

D Ich meine, wir Menschen leben in zwei unterschiedlichen Welten: Die Welt unserer Konditionierung und der oberflächlichen gesellschaftlichen Prägungen, in die wir eingebunden und verwickelt sind, und dann auf einmal bei einer Behandlung das Gefühl: „Ah, jetzt bin ich da, jetzt bin ich wirklich!" Die Welt des Seins ist ganz präsent und nimmt uns in sich auf. – – –
Stimmt das wirklich, dass sich durch so ein Erleben alles ändert, wie Du sagst?

H. Ich glaube, dass man so etwas nicht generell sagen kann. Es hängt vielleicht vom rechten Zeitpunkt ab. Doch wenn es Dich einmal getroffen hat, wirkt es weiter. Auch durch Zeiten weniger deutlichen Anschlusses. Auch, wenn Du vielleicht glaubst, es verloren zu haben. Was bleibt, tief in Dir, ist die Sehnsucht.

D. Wenn Patienten in der Behandlung oder auch in der Gruppe öfters dieses Gefühl für sich selbst gespürt haben, für das, was sie wirklich sind, ist es dann wichtig, dass sie immer weiter zum Behandeln kommen, damit sie in ihrem Alltagsleben bewusst mit dem Atem in Kontakt bleiben?

H. Nach meiner Erfahrung ist es nicht so notwendig, wie in manchen anderen Übungswegen, dass sie sich zum Beispiel jeden Tag hinsetzen und bewusst dem Atemgeschehen folgen. Der Atem ist in ihr Bewusstsein eingedrungen und begleitet sie selbstverständlich. Der Kontakt zu ihm ist da und das wird sich auswirken auf ihr Leben. Doch, wo es das Wesen der Menschen wirklich getroffen hat, wird bei vielen immer wieder die Sehnsucht kommen, sich in einer Behandlung oder in einem Atemseminar neu anzuschließen, weiter und tiefer zu gehen. – – –

Das rechte Zeitmaß

D. Noch eine Frage fällt mir ein, die ich Dir eigentlich schon in einem früheren Gespräch stellen wollte, es ist die Frage nach der Rolle der Zeit, den zeitlichen Abläufen beim Behandeln und in der Gruppe. Was bestimmt den Zeitpunkt eines Wechsels der behandelnden Hände, oder was leitet Dich bei der Ansage des Übens in der Gruppe, bei einem Thema zu verharren oder weiter zu gehen?

H. Es ist nicht leicht, über den Umgang mit der Zeit sowohl in der Gruppenstunde, wie in der Einzelbehandlung zu sprechen. Es geht um ein inneres Zeitmaß. Da das Behandeln ja ein Geschehen zwischen zwei Menschen ist, kommt auch das Zeitmaß aus diesem Miteinander. Und das ist immer wieder neu. Einmal wird die Behandlung eine stillere Abfolge haben, in der durch das Verweilen der Hände ein das Lauschen anregendes Innehalten geschieht. Ein andermal werden die Hände lebendiger, schneller von Anregung zu Anregung gehen.
Da es ja darum geht, die Behandelte zu ihrem eigenen Rhythmus einzuladen, wird es jedoch sehr wesentlich sein, genug Zeit zu geben, bis die Anregung der Hände in dem, was sie tun, wirklich verstanden worden ist, vom Körper und vom Atem. Bis der Atem „antwortet". Das dauert bei einem Menschen lange, bei einem anderen kann es sofort da sein. Vom Zeitmaß her gesehen ist es also sehr wichtig, den Menschen nicht zu übergehen, was leicht bei zu schnellem Vorwärtsschreiten in der Behandlung geschehen kann.
Es ist mir wichtig, zu sagen, dass die Behandlerin zwar den gemeinsamen Weg weiß, aber auf dem Weg *dient*. Sie dient diesem Menschen auf seinem Weg zur Freiheit. Das hat auch mit dem Umgang mit der „rechten Zeit" zu tun. –
Da es nicht um ein Lernen von außen geht, sondern Übungsangebote sozusagen nach innen gegeben werden, ist auch in der Gruppenarbeit das Zeitmaß ein inneres. Das persönliche Umsetzen eines Angebots braucht diese „innere Zeit". Das Gespür für dieses Zeitmaß entwickelt sich beim Atemlehrer allmählich in seiner Bereitschaft, diesem Geschehen Raum zu geben. Raum und Zeit, die beiden müssen zusammenkommen. Da gibt es keine Eile, kein Gedrängtsein. Entwicklung und Entfaltung können geschehen.
Je reifer eine Atemgruppe im Üben geworden ist, desto weniger Angebot ist nötig. Je mehr innere Entfaltungszeit gegeben wird, desto mehr Eintauchen in einen Zustand des Seins ist möglich. Das hat nichts mit so etwas wie Trance zu tun. Es geschieht in einem völlig klaren und wachen Raum. – Das Zeitmaß in Anfängergruppen wird vielleicht sogar über einige Jahre straffer sein, denn die Prozesse für die Verarbeitung brauchen noch nicht so viel Zeit, das heißt, die Übenden könnten noch nicht so viel Zeit füllen.

Da ich vor allem in reifen Gruppen gerne in einem Fluss arbeite, also sprechend ein Thema sich entwickeln lasse, trägt die Zeit den Fluss und der Fluss die Zeit. Ich überlasse mich dem Geschehen und werde auch als Gruppenleiterin mit in es hineingetragen. Auch dabei bin ich völlig wach und mit der Gruppe. Die Zeit trägt mich nicht weg, sondern hinein in das gemeinsame Geschehen im Üben.

Das Glück des Behandelns

D. Wenn Du jetzt noch einmal von Dir als Behandlerin sprichst: Was ist Dir da im Gesamtblick und nach Deinem langen Entwicklungsweg besonders wichtig?

H. Jetzt, wo ich weniger behandle, stelle ich immer wieder fest, dass mich jede Behandlung glücklich macht. Ganz unabhängig davon, ob das eine schwierige Behandlung ist oder ob es ganz zu einer Begegnung kommt, zu einem gemeinsamen Sein in diesem Energiefeld.
Ich höre von meinen Schülerinnen manchmal nach einer Behandlung, die sie gegeben haben: „Vorher ging es mir ganz schlecht und nachdem ich behandelt habe, geht es mir wieder gut." Eigentlich ist es klar: Wenn Begegnung stattgefunden hat, sind wir wieder in unserer Mitte und es fließt. Wir sind im Anschluss an die große Kraft, im Raum der Fraglosigkeit.
Und doch ist es noch etwas anderes. Das kann ich ja auch erleben im Singen oder im Tanzen. Warum ist es gerade in der Behandlung so stark? Da kommt das Element der Berührung hinzu. Das schließt mich selbst noch einmal an eine ganz andere Sensitivität an, ein ganz anderes Gefühl für mich nach innen, wenn ich berührend behandle. Ich komme in einen intensiveren Kontakt mit meinem Inneren. Große Sammlung, Liebe, Freude und Dankbarkeit für den Anschluss entstehen. So behandeln zu dürfen ist ein sehr großes Geschenk. Es macht die Behandlerin selbst ebenso reich wie die Behandelten.

D. Ja, je sensibler man wird, desto kostbarer wird es.

H. Das ist auch ein Grund, warum ich, solange ich kann, nie ganz auf das Behandeln verzichten werde. Das wäre unsinnig. Veening hat am letzten Tag seines Lebens nachmittags noch behandelt, um sich dann zurückzuziehen und in der Nacht zu sterben. Auf seinem Tisch lag ein kleiner Zettel: „Wenn ich gerufen werde, will ich gehen". Er war im Fluss bis zum Ende. – – –

Schöpfen aus dem Moment

D. Jetzt noch mal zur Gruppenarbeit: Was ist Dir als Anleitende dort besonders wichtig?

H. Das ist schwer zu sagen. Ich habe eine sehr lange Erfahrung im Gruppenanleiten. Anfangs war ich mehr orientiert an meinen Vorbildern. Das war gut so. Dann kam eine Zeit, in der es mir langweilig wurde. Das hat mich erschreckt und aufgeweckt. Ich habe begriffen, ich muss nun meinen eigenen Weg gehen, mich selbst darin finden. Das war spannend, und nie mehr wurde es mir langweilig, bis heute.
Jede Gruppenstunde ist eine neue Schöpfung. Wir haben darüber gesprochen. Das ist wie in jeder Kunst. Eigentlich gibt es keine zwei gleichen Atemstunden. Dafür sorgen die vielen Komponenten, die Schüler, die heute anders sind als das vorige Mal, und auch ich bin anders, ein anderer Tag. Ich muss schöpfen aus dem jeweiligen Augenblick. Der Atem ist das Jetzt. Das ist immer wieder neu eine Herausforderung, der ich mich stellen muss. Ich hoffe, dass ich solange ich arbeite, dazu immer die Kraft haben werde. Das Geschenk, wenn es gelingt, ist groß. Es gibt keine Routine, kein fertiges Rezept.

D. Weil es aus diesem Moment kommt.

H. Die Stunde gelingt nur, wenn ich in diese Ebene komme, in der ich als Anleitende getragen bin und mich nicht dem Fluss in den Weg stelle. Dann schenken sich Stille und Fraglosigkeit und Glück und große Dankbarkeit.

D. Das sind sozusagen die Früchte Deiner langen Arbeit.

H. In letzter Zeit erlebe ich, dass ich ab und zu bei der Ansage in der Gruppe „Atem“ mit „Seele“ austausche. Immer eigentlich, wenn ich ein noch tieferes, innigeres Einlassen in das Üben anregen möchte. Mir fällt dazu ein: „Gott hauchte dem Menschen den Atem ein, dadurch wurde er zu einem lebendigen Wesen.“ Der Atem, – die Seele, – Weltseele und individuelle Seele. Ganzes und Teil, und im Teil immer das Ganze. *Eine* Seele? Die unendliche Vielfalt der Natur –, alles aufgehoben in der Welt-Seele, – im Ganzen, – in Gottes Schoß? Ist es das Gleiche? – – –

Fragwürdiges

D. Gibt es für Dich Fragwürdiges oder offene Fragen in Bezug auf die Arbeit?

H. In Bezug auf das Behandeln als solches habe ich keine großen Fragen. Ich halte diese Behandlungsform nach wie vor für das Schönste, was

man einem Menschen geben kann. Natürlich frage ich, wie wir das unsere Schüler immer noch besser lehren können. Dabei sagt mir meine Erfahrung, dass es seine Zeit braucht, bis man in einer Behandlungssituation erkennender für das Gebot des Moments wird. Und dass es ein Weg ohne Ende ist.
Das zu lehren, – wir haben darüber schon gesprochen –, verlangt Geduld und Liebe zu den Schülern und Klarheit. Besonders, um sie in ihre Eigenständigkeit zu bringen für ihre eigenste Weise.
Was frage ich mich in Bezug auf die Gruppe? Eine Gruppe besteht aus vielleicht zwölf Einzelpersonen in einer Arbeit, in der man nicht sagt, was die Menschen genau tun sollen und was das Resultat sein soll. Sondern in der man diese Menschen auf ihre eigene Reise schickt, um sich anhand von bestimmen Atemangeboten selbst zu suchen und zu erfahren. In solch einer Arbeit kann man leicht jemanden aus der Gruppe verlieren. Es ist immer wieder eine Kunst, nahe bei den Teilnehmern zu bleiben, ohne sie zu bevormunden, und zu sehen und zu spüren, was im Raum geschieht. Ich frage mich natürlich auch, wie weit können wir diese Kunst weitergeben?
Es fällt mir gerade ein, dass Günter Bialas, Komponist und Professor an der Münchner Musikhochschule, etwas sehr Weises gesagt hat, etwas, das mir sehr gefallen hat, als ich es hörte. Er sagte: „Ich würde mich schämen, wenn alle meine Schüler so komponieren würden, wie ich. Ich wäre ein schlechter Lehrer." Das heißt für mich: Lehre Deine Schüler so, dass sie sie selbst werden.

D. Das habe ich auch gerade gelesen. Die Lehrerin von Glen Gould hat dasselbe gesagt: „Er darf nicht so spielen wie ich."

H. Ich denke, es bedeutet, den Schülern im Laufe einer Ausbildung das innere Gesetz des Atems immer näher zu bringen, das dann jeder in seiner eigensten Weise erfüllen muss. Diese Weise kann ein anderer nicht vorschreiben, die ist frei.
Andererseits beruhigte mich sehr, als mein Lehrer Dr. Schmitt mir einmal sagte: „Der Atem ist so groß, wenn man nur ein kleines Zipfelchen von ihm bekommt, ist man reich beschenkt." Das klang mir sehr tröstlich.
Wir erleben bei den Schülern, dass die Gruppengestaltung das Schwerste für die meisten ist. Und doch habe ich das Vertrauen, dass sie lernen, ihren eigenen Schülern die Arbeit am Atem aus ihrem Verständnis heraus zu vermitteln. Nur wenn ein Lehrer seine eigene Weise gefunden hat, wird er später seinen Schülern den Weg freigeben können und sie ermutigen, ihr Eigenes zu entwickeln. Er wird sie begleiten auf dem Weg zu sich selbst, aus dem heraus sie dann leben und wirken können.

D. Kommt es vor, dass Du manchmal die Arbeit überhaupt in Frage stellst und fragst: „Bringt das den Menschen wirklich etwas?"

H. Heute nicht mehr; aber als ich jung war, sehr jung, – noch in der Vorstellung, dass die Welt heil werden müsse, wenn Menschen mit einer so großen Heilweise wie der Atemtherapie arbeiten. Es dauerte ziemlich lange, bis ich verstand, dass es nicht darum geht, die dunklen Seiten des menschlichen Daseins auszuschalten, sondern Kraft und Einsicht zu gewinnen, ihnen zu begegnen; sie auch als Leben zu bejahen, durch sie durchzugehen, sie zu erkennen und damit vielleicht zu überwinden.
Da habe ich erkannt, dass die Hinwendung zum eigenen Atem, die Verbindung mit ihm, tragender Grund werden kann. Alle kleineren Zweifel wurden durch diese immer wachsende Einsicht aufgelöst.

D. Willst Du noch irgendetwas zu den Grenzen der Atemtherapie sagen?

H. Es gibt diesen schönen Buchtitel: „Die Seele durch den Körper heilen". Wenn der Körper durchlässiges Instrument geworden ist, wird der Mensch aufatmen und die Seele wird frei. Das erleben wir glückhaft und überzeugend. Friedrich Schiller sagte irgendwo: „Die Natur gab die Schönheit des Baus. Die Seele gibt die Schönheit des Spiels."
Doch wissen wir auch und müssen uns darüber klar sein, dass es Menschen in Not und Krankheiten gibt, die noch einer anderen Behandlung bedürfen, und die wir rechtzeitig dieser zuführen müssen. Keine Therapie ist für jeden Menschen. Aber, da jeder Mensch atmet, ist in jedem das Heilende immer anwesend. Den Atem verstanden zu haben, heißt, offen sein, wach und deshalb auch wahrzunehmen, was es braucht; – offen für das Heilende, wo immer es herkommt.

D. Wie wir schon mehrfach besprochen haben, frage ich mich natürlich immer wieder: Wie weit ist es nötig, auf die Probleme des Einzelnen und seiner Persönlichkeit auch verbal einzugehen und wie weit ist es gar nicht wichtig?

H. Es fällt mir dabei die Geschichte vom Mann und dem Ochsen ein. Der Mann sucht den Ochsen, findet ihn, packt ihn, reitet ihn, sitzt frei und fröhlich auf ihm, beherrscht ihn, – gibt ihn frei, lässt ihn wieder ziehen, braucht ihn nicht mehr. Ochse und Mann sind frei. – Vielleicht ist die Persönlichkeit nur eine Stufe auf der Leiter?
Ich muss sagen, ich habe bei Schmitt und später auch bei Veening erlebt, dass Fragen oder Probleme, mit denen ich kam, sich durch die Intensität oder die Art der Atembehandlung oft von allein gelöst haben, oder sie mir ohne Worte Hinweise gaben, wo ich hinschauen musste,

wo ich wach werden musste. Die Antworten kamen dann ganz von innen, aus mir selbst.
Außerdem erschien es mir auch oft so, als ob der Atem mich rein wäscht von Wunden und mich frei macht. Ich war natürlich sehr geprägt von dem Erleben der Behandlungen dieser beiden Männer. Aber auch Schmitt, der Arzt, war sich klar, dass Patienten manchmal noch eine andere Hilfe benötigen.
Ich selbst hatte wenig psychologisches Wissen. Ich habe viel Erfahrung gesammelt, an jedem Patienten gelernt, an jedem Schüler. Ich bin durch meine Fehler gegangen. Hätte ich damals mehr gewusst über psychologische Hilfen, wäre mir manches erspart geblieben.
Und doch habe ich gemerkt, in der Begegnung mit den Patienten und mit Schülern, dass in der Atembehandlung eine Tiefe entstehen konnte, in der Raum war für auftauchende Lebensthemen, aus dem sich in direkter Weise und vor allem auf der Ebene des Atems Verwandlung anbahnen konnte.

D. Wenn jemand zu Dir kommt, redet er ja zunächst über seine Probleme, ob das Angebot nun Atemtherapie heißt oder nicht. Er kommt und sagt, mir fehlt das und mich drückt das und mir ist das geschehen. Wie gehst Du damit um, dass Du vom Reden zum Behandeln kommst?

H. Ich höre ihm oder ihr erst mal gut zu, dass sie spürt, dass ich sie wirklich ernst nehme, dass es mich interessiert. Manche Menschen müssen erst viel von sich reden. Vielleicht vergeht die erste Stunde damit. Spätestens in der zweiten Stunde bitte ich den Patienten, sich auf die Liege zu legen, nachdem ich ein wenig über Wesen und Ziel der Behandlung gesprochen habe. Allerdings kann es sein, dass es noch nicht verstanden wird. Ich versuche, den Menschen dann in der Behandlung auf eine andere Ebene zu führen, als die vorher erlebte Gesprächsebene.

D. Er muss es ja noch nicht verstehen.

H. Nein, vielleicht ist es nur einfach ganz angenehm, berührt zu werden. Hier heißt es erst einmal, sich auf diese andere Ebene einzulassen mit allem, was in ihr geweckt wird: Vorsicht, Ängstlichkeit, Abwehr, oder Wohlgefühl und Vertrauen. Wenn sich das einstellt, kann die Wahrnehmung des Atems angesprochen werden. Geduld und Wartenkönnen sind die Zauberschlüssel.

D. Es hat eine große Kraft und ist wahrscheinlich auch für die Ausbildung wichtig, dass Du so klar dieses Vertrauen hast: Das ist der Weg, und den Weg gehe ich, und eigentlich ist alles Wesentliche darin. Das ruft den Patienten, dahin zu horchen. Wenn er immer wieder diese Botschaft bekommt, nach innen zu gehen und sich nicht zu viel mit den Problemen im Kopf herumzuschlagen, hat das natürlich eine starke Wirkung.

H. Schmitt konnte extrem reagieren, wenn jemand sich zu lange mit der Beschreibung von Problemen aufhielt, vor oder nach der Behandlung. Er erlaubte es nicht. Er wusste, dass er diese mit der Behandlung auf einer anderen Ebene lösen konnte und wollte.

D. Das verlangt natürlich Klarheit in dem Behandler oder der Behandlerin und ein unglaubliches Vertrauen in diese Seinsebene.

H. Aber nach allem, was ich erlebt habe, wüsste ich nicht, in was ich mehr Vertrauen haben könnte.

D. Es ist ein hoher Anspruch. Nicht hoch im Sinne von sich erhöhen, aber es ist eine hohe Anforderung an den Menschen, der diese Arbeit wirklich machen will.

H. Da sind wir genau an dem Punkt der Verantwortung. Der Atemlehrer steht voll in der Verantwortung. Wenn ich jemanden berühre, habe ich teil an ihm, und hat er teil an mir. Die Verantwortung dafür ist in meiner Sicht unauflöslich. – – –

Warum mehr Frauen in der Atemarbeit?

D. Eine ganz andere Frage: Die Atemarbeit wird hauptsächlich von Frauen gelernt und angeboten, in Deinen Übungsseminaren sind fast nur Frauen, und auch die meisten Patienten sind weiblich. Wie erklärst Du Dir das und was meinst Du zu diesem Thema? Ilse Middendorf vertritt ja die These, dass die Atemempfindung als die Verleiblichung des Geistigen etwas Urweibliches ist.

H. Statt „Verleiblichung des Geistigen" würde ich die Atemempfindung lieber so beschreiben: Das „empfangsbereite" Lauschen und Hinspüren zu dem Geschenk des Atems, der Geist und Leib zur Einheit werden lässt.
Ich habe es schwer mit Festlegungen. Wir haben alle weibliche und männliche Anteile in uns. Dabei erscheint es mir aber schon so, dass gerade die Empfindungsfähigkeit den Frauen ihrer Natur nach näher ist als den Männern. Sie empfangen und gebären die Kinder und lernen viel mehr, nach innen zu horchen und zu lauschen, müssen Geduld haben für das Wachsen und Reifenlassen des Lebens. Sie sind den weiblichen hormonellen Zyklen unterworfen und müssen sie annehmen. Hier ist schon viel Übung der Hingabe und Annahme, die dem Mann von der Natur her nicht so gegeben ist.

Ich würde es gerne so formulieren: Durch ihre allgemein mehr geübte Empfindungsfähigkeit sind die Frauen der Welt des Atems näher als die Männer, deren Welt in der Regel mehr nach außen gerichtet ist. Ich habe allerdings sehr empfindungsfähige Männer in meiner Praxis erlebt. Sie brauchten anfangs vielleicht etwas länger auf ihrem Weg nach innen, im Erspüren des Atems. Doch dann waren sie von großer Hingabe und lauschender, achtsamer Anwesenheit. Und dankbar dafür, dass sich ihnen dieser durch das aktive Leben vernachlässigte Raum eröffnete.

D. Gerade deshalb bleibt die Frage doch weiter bestehen, warum nicht mehr Männer sich mit der Atemtherapie beschäftigen. Ich weiß ja aus meiner eigenen Erfahrung, welche Bereicherung, innere Verankerung und vom Geistigen beseelten Körperbezug ich dadurch immer wieder erfahre. Es schenkt mir Freude und Lebendigkeit.
Die Hürde ist am Anfang vielleicht für Männer größer. Diese weiche und didaktisch wenig klar und verständlich erscheinende Arbeit ist dem männlichen Selbstverständnis fremd. Man weiß nicht so recht warum, und wie und wofür. Es wirkt vielleicht auch zu intim und zu intuitiv.

H. Ja, da wird zum Beispiel der Zen-Weg in seiner Klarheit und mit seiner autoritären Führung von Männern viel leichter angenommen. Ich glaube, Männer haben einfach zunächst mehr Angst, sich in unserer Weise anzuschauen. Zumal es so viele Angebote gibt, die mehr nach außen gehen und aktiver wirken.
In Bezug zur Ausbildung zum Atemtherapeuten spielt sicher die berufliche Situation mancher Männer eine Rolle, die es ihnen erschwert, ein so großes zeitliches Engagement über vier Jahre einzugehen.

D. Ich kann nur sagen, dass ich mir sehr wünsche, dass mehr Männer diesen Weg kennen lernen und erfahren, wie heilsam er für uns ist! – – –

Zur heutigen Welt

Wenn Du Dir die heutige Welt anschaust, die Menschen, die Gesellschaft und auch, wie sich das widerspiegelt in den Menschen, die zu Dir in die Arbeit kommen, was machst Du Dir dabei für Gedanken? Wenn Du Enkel hättest, was würdest Du ihnen sagen? Die Welt ist ja nicht einfacher geworden.

H. Das ist eine sehr ernste Frage. Ich weiß es nicht genau. Ich will versuchen, sie zu beantworten. Vielleicht haben ja die Menschen immer gedacht, dass die Welt gerade in der Zeit, in der sie leben, die schwerste ist. Ich bin in einer sehr schwierigen Zeit aufgewachsen. Das Wissen

um den Tod und die Verbrechen, das Grauen der Zerstörung waren ganz nah. Etwas Schlimmeres konnte man sich doch nicht vorstellen! Heute stehen wir vor ganz anderen Problemen. Die Menschen haben unglaubliche Dinge entwickelt, die das Leben scheinbar leichter und angenehmer machen, die ihnen Zeit sparen helfen, die ihnen ungeahnte Möglichkeiten schaffen. Wir wissen alle davon, ich brauche sie nicht einzeln zu benennen. Wenn die Menschen reif genug wären, diese technischen Fortschritte zu ihrem Wohl einzusetzen, zum Wohl der Erde, die unser Leben trägt, wäre das ja wunderbar. Das sind sie aber nicht. Je mehr möglich ist, desto mehr wollen sie haben, und so zerstören sie sich und die Erde, und sind blind in ihrer Gier.
Die Generation meiner Schüler ist für mich wie die Kinder und Enkel Generation. Ich sehe für sie die große Gefahr, immer mehr im Außen zu leben; auch in der Zerstreuung und damit einer Trennung von sich selbst. Ich sehe eine große Verwirrung bei vielen jungen Menschen. Ich erlebe aber auch eine herrliche Generation: kraftvolle, intelligente, wache und offene junge Menschen, Hoffnungsträger für die Zukunft. Wir können die Entwicklung nicht stoppen, indem wir dauernd gegen sie kämpfen. Das ist sinnlos; auch diese Entwicklung muss wohl mit allen Konsequenzen durchlaufen werden.
Ich würde den Enkeln zeigen, dass da noch etwas anderes ist, was zählt. Ich habe viel mit jungen Menschen gearbeitet und kenne ihre tiefe Sehnsucht. Warum betäuben sie sich auf so vielerlei Weise? Aus ihrer Not, ihrer Angst vor dieser Welt? Sie möchten fliehen, um sie nicht zu spüren, oder sie kennen oft nur den Ausweg in die Droge, in Wut und Aggression.

D. Da ist eine unglaubliche Entfremdung.

H. So sehr wir auch darunter leiden, dass unser Beruf noch zu wenig anerkannt ist, dass wir auch zu wenig Geld verdienen mit dieser Arbeit, wir müssen durch das durch. Nie brauchte man solche Arbeit und diesen Umgang mit Menschen mehr als in unserer Zeit. Ich sage zu meinen Schülern, ihr werdet ganz andere Patienten und Schüler haben, als ich das hatte. Ihr werdet mit ganz anderen Problemen konfrontiert werden, viel schwereren.
Es kann gar nicht genug Atemtherapeuten und Lebenslehrer geben! Auch aus dieser Einsicht müssen wir Menschen, die diesen Beruf wählen und in eine solche Ausbildung drängen, in jeder möglichen Weise unterstützen.

D. Ein großes Phänomen ist auch die Beschleunigung. Alles ist schneller und mechanischer.

H. Das sind Horrorvisionen. Die Zeit in Krankenhäusern für Anwendungen mit dem Sekundenzeiger gemessen, es ist menschenverachtend. Die Würde des Menschen ist bedroht in unserer Zeit.

D. Da muss man sich fragen, wer nimmt sich noch Zeit, auf seinen Atem zu achten? Wer nimmt sich Zeit für die Stille, für die Besinnung, und wie kann eine Kultur erhalten werden ohne diese Werte?

H. Diejenigen, die das sehen, stehen in einer großen Verantwortung, den Jungen zu helfen.

D. Bei den Patienten, die zu Dir kommen, siehst Du da Veränderungen, hat sich etwas verschoben?

H. Ich kann jetzt eigentlich mehr aus dem Erleben mit Schülern sprechen, da ich nur noch selten mit neuen Patienten arbeite. Ich sehe mehr Bewusstsein für die allgemeine Weltsituation, mehr Bedrängnis, mehr Sehnsucht. Noch etwas: Trotz all der genannten Schwierigkeiten in unserer Zeit kommen Menschen mit mehr Mut und Opferbereitschaft in unsere Ausbildung, als es jemals der Fall war. Ich habe für sie große Bewunderung. – – –

Ängste D. Herta, kennst Du persönliche Ängste? Kommen manchmal Ängste in Dir hoch?

H. Sicher, wahrscheinlich ist man in allen Lebensaltern mit ihnen konfrontiert. Das sind die Ängste, die vor der Verwandlung, der Veränderung stehen: Aufzugeben, was man meint zu haben und zu brauchen. Angst vor der Not, dem Alter, der Krankheit, wenn die Kräfte nicht mehr tragen, die Vision vielleicht schwindet.
Ich gehe manchmal ganz bewusst in die Stadt und schaue mir die Leute an. Und denke mir, wie dieser Mensch wohl leben muss; wie fühlt sich das an? Kann man so ein Leben leben, so etwas aushalten? Da kommen auch manchmal Ängste. Und gleichzeitig ein tiefes Mitgefühl.

D. Wie erlebst Du das konkret, wenn Angst kommt und wie gehst Du damit um?

H. Ich merke, dass ich richtig zusammenschrumpfe. Dann bin ich auf einmal ganz klein und hässlich.

D. Ist das mit einem starken Körpergefühl verbunden?

H. O ja! Es wird düster in mir, eng, mein Atem stockt. Welches Glück, wenn ich es wieder loslassen kann, mein Atem wieder frei in mir schwingt, meine Augen und meine Seele sich öffnen für die Schönheit der Welt. Vielleicht ein paar Tränen sich lösen, Dankbarkeit mich durchströmt und es in meinem Körper wieder warm und weit wird. Da ist wieder das Vertrauen in das Leben, was auch immer geschieht. – – –

Über Tod und Leben

D. Was ist für Dich der Tod?

H. Immer wieder hat er etwas ganz Unvorstellbares. Er ist immer in meinem Bewusstsein. Ich habe in einem unserer Gespräche von meiner Erfahrung der Gleich-Gültigkeit von Leben und Tod gesprochen. Jetzt, wo ich ihm näher komme, wird mir auch das große Geschenk des Entlassenwerdens aus der Leiblichkeit im Ausatem noch bedeutungsvoller, wenn ich mich in seinen Strom legen kann, mich tragen lasse. Ich habe es immer wieder erlebt, bewusst, und bitte darum, dass mich dieses Vertrauen in meinen letzten Ausatem trägt, – hinein in die andere Welt. Eines meiner Lieblings-Haikus ist: „Am Ende meiner Reise ohne Ziel will ich fallen in Ginsterblüten."

D. Das ist wunderschön. – In diesem Eintreten in den Strom, den Du als das so Wesentliche in deiner Arbeit beschrieben hast, in diesem Ankommen, da gibt es ja eigentlich keine Frage mehr. –
Das bringt mich nochmals zu dem Thema unseres Egos, unseres Ichs, das in diesem Zustand ja völlig unwichtig geworden ist. Es ist nicht da. Jiddu Krishnamurti[27] sagte immer: „To die while you are living", – zu sterben, während man lebt. Was ist dann dieses Ich, das in solchen Glücksmomenten des Atemerlebens verschwindet, um einige Stunden später wieder munter sein Spiel zu treiben? Wie gehst Du damit um?

H. Ich glaube, das Ego, das Ich hat viel mit Reife oder Unreife zu tun. Ein Mensch mag noch so viel Erfolg haben und bewundernswerte Leistungen vollbringen, – wenn ihm aber innere Ausgeglichenheit, Frieden mit sich selbst und die Fähigkeit zu echtem menschlichen Kontakt fehlen, lebt er in Trennung von seinem eigenen Wesen. Da ist keine Ausstrahlung und keine Wärme. Er bleibt trotz allen Könnens, aller Leistung unreif. Wie kann er anders als aus seinem Ego leben? Und dieses wiederum hindert ihn am Reifen. Das Ich wird immer tren-

27 Jiddu Krishnamurti, 1895–1986, indischer Philosoph und geistiger Lehrer, der weltweit durch Vorträge und Schulgründungen wirkte

nen, und so hört der Mensch nicht mehr die Stimme seines eigentlichen Wesens.
Diese Stimme wieder hörbar werden zu lassen, selbst im harten Alltag, das ist unsere Arbeit an uns selbst. Der Atem kann die Quelle zum Reifen wieder freilegen. Hier ist ein wesentlicher Auftrag unserer Arbeit.
Ich denke an ein Buch von Karlfried Graf Dürckheim „Vom doppelten Ursprung des Menschen“ [28]. Er stellt darin das Welt-Ich und das Wesens-Ich gegenüber und zeigt, dass wir beides leben müssen, um auf dieser Erde zurechtzukommen.
Zu einer inneren Freiheit werden wir jedoch erst gelangen, wenn wir zu unserem wahren Wesen finden. Dann leben wir im Einklang mit uns, mit den anderen und mit Gott, als Frucht menschlicher Reife.

D. Doch bis dahin gehört wohl der scheinbare Widerspruch zwischen der Dualität mit ihren Ich-Konflikten und den seltenen Momenten des Eins-Seins, die wir im Üben erleben können, zu unserem Weg.

H. Im Grunde geht es dabei ja immer um die Einübung. – Ein wunderschönes Beispiel aus einem verwandten Weg möchte ich erwähnen. Zu Beginn eines Schweigeseminars bei Euch in Poci gab Deine Frau am Ende des Redens die Aufforderung: „And now, – take a deep rest!“ Das wurde für mich blitzartig zu: „Lass Dich in den Fluss fallen, er nimmt Dich auf und trägt Dich fort.“ Diese Worte haben mich tief ergriffen.

D. „… ein tiefes Ausruhen.”

H. Da gibt es keine Frage, du lässt dich einfach fallen.

D. Für mich ist es auch so. – Wenn hingegen Angst kommt, ist in mir immer ein enger Raum, in dem die Anbindung und das Vertrauen nicht mehr spürbar sind. Da hilft es am ehesten, zu spüren, dass auch die Angst ein Teil des lebendigen Geschehens ist.
Wie siehst Du die Verbindung zwischen der Liebe und der Angst?

H. Woher kommt die Angst? Wir denken uns aus, was alles geschehen kann, um uns das zu nehmen, was wir zu besitzen glauben. Also hindern uns unsere Vorstellungen, hindert uns unser Denken daran, frei und bedingungslos zu lieben. Wenn wir uns lösen können aus dem trennenden Denken der Vorstellungen, können wir lieben. Dann gibt es keine Angst.

---

28 Herder Verlag, Freiburg 1991

D. Wenn Du in einen Zustand kommst, wo Du merkst, dass Du den Kontakt zur Liebe verloren hast, was ruft Dich am ehesten wieder dorthin?

H. Ich gehe in die Stille, lausche meinem Atem und verbinde mich mit ihm, – dem göttlichen Strom in mir. Er ist immer da. Wenn ich mich ihm übergebe, schenkt er Licht und Heilung und öffnet sanft den Raum der Liebe.

Unsere tiefste Angst ist nicht,
dass wir ungenügend sind.
Unsere tiefste Angst ist,
dass wir über alle Maßen kraftvoll sind.

Es ist unser Licht – nicht unsere Dunkelheit,
was uns am meisten erschreckt.
Wir fragen uns: Wer bin denn ich,
um brillant, großartig, talentiert
und kraftvoll zu sein?
Frage dich lieber:
Was machst du eigentlich,
um all das nicht zu sein?

Du bist ein Kind Gottes.
Dein zögerliches Spiel hilft der Welt nicht.
Es wird nichts erhellt,
wenn du dich kleiner machst,
damit sich andere nicht verunsichert fühlen.

Wir wurden geboren,
um den Glanz Gottes,
der in uns ist,
offenkundig zu machen.
Dieses Licht,
das in allen von uns ist.

Und wenn wir es leuchten lassen,
geben wir anderen die Erlaubnis,
dasselbe zu tun.

Nelson Mandela

Weiterführende Literatur

Glaser, V.: Sinnvolles Atem, Atemschulung und Atemtherapie. Humata, Bern

Krishnamurti, J.: Dem Leben begegnen. Econ Taschenbuch 2001

Middendorf, I.: Der erfahrbare Atem, eine Atemlehre. Junfermannverlag, Paderborn 1995

Middendorf, I.: Der erfahrbare Atem in seiner Substanz. Junfermannverlag, Paderborn 1998

Mittelsten Scheid, D.: Türen zum Sein. Eigenverlag 2002

Richter, H.: Atemwelten. Reichert Verlag, Wiesbaden 2005

Schmitt, J. L. (8. Aufl.): Atemheilkunst. Humata, Bern

Dürckheim, K.: Hara. O. W. Barth-Verlag (1999) 2005

Brooks, C. V. W.: Erleben durch die Sinne. Junferman-Verlag 1979

Jacobs, D.: Die menschliche Bewegung. A. Henn-Verlag, Ratingen 1962

Steindl-Rast, D.: Achtsamkeit des Herzens. Goldman-Verlag 1992

Weitere Literaturhinweise auf den Seiten:

http://www.atemtherapie-muenchen.de/literatur.html

http://www.sbam.ch/info_literaturliste.php

Zu den Autoren

Herta Richter

geboren 1925. Studium Germanistik, Sprachen, Gesang, Atemtherapie, Heilpraktikerausbildung. Seit 1965 eigene Praxis. 1970 Beginn der Arbeit mit Gruppen, bald auch in Form von Ausbildung, 1995 Gründung der AFA-anerkannten Ausbildungsstätte „Atemhaus München Herta Richter". Nach Übergabe der Schule bietet sie heute Seminare zur Selbsterfahrung und Weiterbildung im In- und Ausland an.

Dieter Mittelsten Scheid

geboren 1942. Dr. med., Psychotherapeut und Atemtherapeut. Ausbildung in Psychiatrie, humanistischer Psychotherapie, Atemtherapie und funktionaler Integration nach Feldenkrais. Gründer und Mitarbeiter im Therapiezentrum Coloman bei Wasserburg. Seit 20 Jahren Leitung von Schweige- und Bewusstseinsretreats in Poci/Toscana. Freie Praxis für Atemtherapie und Lebensberatung in München und Italien.

Atemwelten

Einblicke und Gedanken
zur Atemtherapie

Hg. von Herta Richter

2005. 24 x 17 cm. 192 S., kart.,
(3-89500-459-6)

Mit Beiträgen von Herta Richter,
Mica Claus, Indira Daehr,
Gabriele Engert-Timmermann,
Susann Furtwängler, Ulla Lorenz,
Dieter Mittelsten-Scheid,
Christl Thienwiebel
und Sigrid Zörgiebel

Atem als Lebensgeschenk, als geistige Nahrung, die unendlich und bewegt wie das Meer dem Menschen in seinem endlichen Körper gegeben ist und ihn zu seinem wahren Selbst führt – früh in ihrem Leben hat Herta Richter diese Erfahrung für sich machen dürfen.
Die Orientierung im „äußeren Leben“ fordert den Menschen in seiner Fähigkeit, rational zu denken und Erfahrungen in Kategorien zu unterteilen. Dieses dualistische Prinzip kann jedoch der Einheit des Lebens nicht gerecht werden und entfremdet den Einzelnen von der Einheit seines Seins, lässt ihn erstarren unter der Macht des wollenden, machenden, aber auch ängstlichen, in Zwängen gefangenen Ego. Hier kann der Atem, sein bewusstes Üben befreiend, sogar heilend wirken, erfordert er gerade ein Geschehen-lassen, ein Offen-werden, welches Trennungen und Hindernisse überwindet. Diese Erfahrung weiterzugeben und anderen Menschen auf dem Weg zu ihrem Selbst Unterstützung zu bieten, ist ein Grundanliegen von Herta Richter. Der vorliegende Band versammelt Beiträge ihrer ehemaligen Schüler und Schülerinnen, die über ihr eigenes Verständnis, ihren Zugang zu Atem schreiben. Sie zeigen, wie vielschichtig die Wege sind, die der Atem den Menschen zu ihrem wahren Selbst weisen kann. Gemein ist ihnen jedoch die Überzeugung von seiner ausgleichenden Kraft: Atem kann, da er die drei Seinsebenen des Menschen – Körper, Seele und Geist – gleichermaßen umgreift, als Verbindung und Mittler zwischen ihnen dienen und sie versöhnen. Wenn diese Ebenen immer mehr in Einverständnis zueinander finden und sich nicht bekämpfen müssen, ihre Machtansprüche aufgeben können, wird der Mensch einen Weg finden zu innerem Frieden. Der Atem wird kraftvoll und sanft und tief in ihm schwingen.

Musiktherapie in der Schule

Hg. von Rosemarie Tüpker, Natalie Hippel und Friedemann Laabs

2005. 24 x 17 cm. 176 S., 16 Abb., kart., (3-89500-471-5)

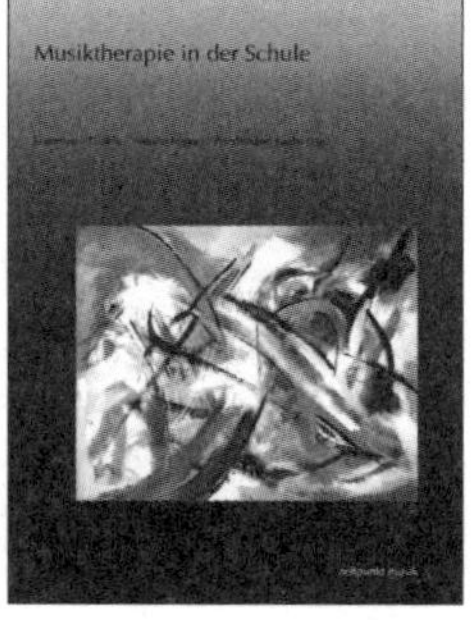

Schule ist für Kinder und Jugendliche ein Ort, an dem sich auch ihre Leiden, Konflikte und Nöte zeigen. Oft nehmen LehrerInnen diese zwar wahr, können aber nur sehr begrenzt über den Unterricht hinaus Hilfestellungen anbieten. Musiktherapie in der Schule kann an dieser Bruchstelle Kindern und Jugendlichen die Möglichkeit des Ausdrucks und der Bearbeitung von Krisen anbieten und eine Zuspitzung verhindern helfen. Musiktherapie kann ein niederschwelliges Hilfsangebot im Schulalltag sein, ohne den Eltern weite Wege zuzumuten.
Dieses Buch soll Anregungen und Ermutigungen für die Praxis geben und aufzeigen, wie eine individuelle Förderung von SchülerInnen verwirklicht werden kann. Es richtet sich damit neben therapeutischen und pädagogischen Fachkräften auch an Eltern und alle, die sich für die Schule einsetzen.

Rezeptive Musiktherapie

Theorie und Praxis

Hg. von Isabelle Frohne-Hagemann

2004. 24 x 17 cm. 484 S., 20 Abb., kart., (3-89500-389-1)

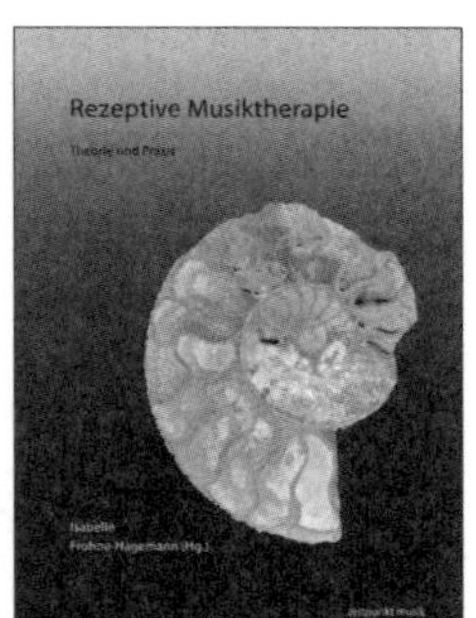

In Theorie und Praxis werden hier von 20 namhaften Autoren und Autorinnen erstmalig verschiedene Formen rezeptiver Musiktherapie übersichtlich vorgestellt. Das Spektrum der methodischen Ansätze ist breit: funktionale Entspannungsarbeit mit Hilfe von Musik, tiefenpsychologisch fundierte imaginative Psychotherapieansätze mit und durch Musik, der Einsatz von Musik in der frühesten Lebenszeit, in der Behandlung psychischer, sozialer oder organischer Erkrankungen beweisen dies auch anhand zahlreicher Fallbeispiele von Jugendlichen und Erwachsenen. Auch wird das Rezeptive unter sozialwissenschaftlichen, emotionstheoretischen und kulturtheoretischen Perspektiven beleuchtet, was neue Aspekte auf die therapeutische Arbeit wirft.

Tiefenpsychologisch orientierte Musiktherapie

Bausteine für eine Lehre

Von Tonius Timmermann

2004. 24 x 17 cm. 160 S., geb., (3-89500-399-9)

Tiefenpsychologisch orientierte Musiktherapie verbindet die anthropologischen, künstlerisch-ästhetischen und sonstigen besonderen Qualitäten der Musik mit den Grundlagen moderner Psychotherapie und ihren Techniken. Dieses Buch bietet u.a. einen Überblick über die wichtigsten Vorgehensweisen, die Beziehungsaspekte, die im Rahmen eines musiktherapeutischen Prozesses aktualisiert werden können, die Besonderheiten von Einzel- und Gruppenmusiktherapie sowie die Inhalte musiktherapeutischer Ausbildung und Forschung.

ZwischenWelten

Musiktherapie bei Patienten mit erworbener Hirnschädigung

Hg. von Monika Baumann und Christian Gessner

2004. 24 x 17 cm. 340 S., kart., (3-89500-371-9)

Obwohl noch recht jung auf diesem Gebiet, hat sich die Musiktherapie als wirksame Behandlungsform bei Patienten mit erworbener Hirnschädigung etabliert. Damit entwickelte sich ein eigenes Berufsbild, das in diesem Buch erstmals umfassend dargestellt wird.
In einfühlsamen Beschreibungen von Therapieprozessen werden musiktherapeutische Interventionen und Methoden in den verschiedenen Rehabilitationsphasen herausgearbeitet. Durch praxisbetonte Schilderungen und viele Fallbeispiele bekommen Laien wie Fachleute einen Einblick in diese Arbeit. Musiktherapeuten, die neu in diesem Bereich tätig werden wollen, finden Orientierungshilfen und konkrete Anregungen.

Empfinden – Hören – Sehen
Welche Zugänge wählen nonverbale Psychotherapien?

Am Beispiel der Diagnose „Persönlichkeitsstörung“

Hg. von Tonius Timmermann
2004. 24 x 17 cm. 180 S., 31 Abb., kart., (3-89500-379-4)

Die Frage, welche nonverbale Therapieform für einen Patienten geeignet ist, interessiert die betroffenen Therapeuten und Ärzte, die aufgrund der diagnostischen Abklärung nach geeigneten Therapieverfahren für einen Patienten suchen und hierfür konkreter Kriterien bedürfen. Am Beispiel der Diagnose „Persönlichkeitsstörung“ werden in sieben Falldarstellungen die Zugänge zu dieser seelischen Problematik über Körper und Atem, Kunst, Tanz, Aktive und Rezeptive Musiktherapie dokumentiert. Zusammenfassend werden schließlich Möglichkeiten und Grenzen, Unterschiede und Gemeinsamkeiten der jeweiligen Methoden reflektiert.

Zur Idee des therapeutischen Nachnährens – was kann Musiktherapie leisten?

Beiträge der 10. Musiktherapie-Tagung
des freien musikzentrum münchen e.V.

Hg. von Dorothee von Moreau und Andreas Wölfl
2002. 24 x 17 cm. 112 S., kart., (3-89500-295-X)

Die Beiträge dieses Buchs führen Sie an dieses in Fachkreisen kontrovers diskutierte Thema heran und geben einen lebendigen und theoretisch fundierten Einblick in die Wirksamkeit der musiktherapeutischen Beziehung. Die Autoren verdeutlichen Möglichkeiten und Gefahren intensiver Beziehungsarbeit in der Therapie und verweisen auch auf historische Annahmen und Irrtümer in der psychotherapeutischen Theoriebildung. Ein fachlich fundiertes, lebendiges Buch.